LE COCKATIEL
(PERRUCHE CALLOPSITE)

Photos : Maryse Raymond
Illustrations : Madeline Deriaz, Michel Fleury

Données de catalogage avant publication (Canada)
Pilotte, Michèle
  Le cockatiel
  (Nos amis les oiseaux)

  1. Callopsite élégante. I. Titre. II. Collection.

SF473.C6P542   1999   636.6'8656   C98-941666-6

DISTRIBUTEURS EXCLUSIFS :

• Pour le Canada
  et les États-Unis :
  MESSAGERIES ADP*
  955, rue Amherst
  Montréal, Québec
  H2L 3K4
  Tél. : (514) 523-1182
  Télécopieur : (514) 939-0406
  * Filiale de Sogides ltée

• Pour la France et les autres pays :
  INTERFORUM
  Immeuble Paryseine, 3, Allée de la Seine
  94854 Ivry Cedex
  Tél. : 01 49 59 11 89/91
  Télécopieur : 01 49 59 11 96
  Commandes : Tél. : 02 38 32 71 00
                  Télécopieur : 02 38 32 71 28

• Pour la Suisse :
  INTERFORUM SUISSE
  Case postale 69 - 1701 Fribourg - Suisse
  Tél. : (41-26) 460-80-60
  Télécopieur : (41-26) 460-80-68
  Internet : www.havas.ch
  Email : office@havas.ch
  DISTRIBUTION : OLF SA
  Z.I. 3, Corminbœuf
  Case postale 1061
  CH-1701 FRIBOURG
  Commandes : Tél. : (41-26) 467-53-33
                  Télécopieur : (41-26) 467-54-66
                  Email : commande@ofl.ch

• Pour la Belgique et le Luxembourg :
  INTERFORUM BENELUX
  Boulevard de l'Europe 117
  B-1301 Wavre
  Tél. : (010) 42-03-20
  Télécopieur : (010) 41-20-24
  http ://www.vups.be
  Email : info@vups.be

Pour en savoir davantage sur nos publications,
visitez notre site : **www.edjour.com**
Autres sites à visiter : www.edhomme.com • www.edtypo.com • www.edvlb.com
www.edhexagone.com • www.edutilis.com

Dépôt légal : 2e trimestre 1999
Bibliothèque nationale du Québec

ISBN 2-8904-4655-7

nos amis les oiseaux

Michèle Pilotte, vétérinaire

LE COCKATIEL

(PERRUCHE CALLOPSITE)

 le jour,
éditeur

Je dédie cet ouvrage à tous les éleveurs dévoués de cockatiels qui ont permis la propagation de cette espèce, en particulier à Karen et Peter Sims, des Oiselleries Ara, qui ont toujours fait montre d'un grand amour des oiseaux.

Introduction

Depuis quelques années, le cockatiel, aussi appelé «perruche callopsite», connaît une popularité grandissante comme animal de compagnie, et il le mérite bien.

C'est un petit oiseau très attachant, enjoué et affectueux. Sa petite taille, son prix abordable et son bon caractère en font un compagnon de choix. Il se plie volontiers autant à une vie familiale mouvementée qu'à la quiétude d'un foyer d'une personne seule; de plus, son entretien est relativement facile.

En captivité, il peut vivre de 15 à 18 ans. Comme tout être vivant, le cockatiel a des exigences et des défauts avec lesquels vous devrez également vivre. Votre cockatiel est entièrement dépendant de vous pour sa santé physique et psychologique. Préparez-vous donc à vivre avec cet étonnant compagnon et apprenez à bien le connaître pour mieux l'apprécier et bien l'entretenir. Nous essaierons de vous y aider avec cet ouvrage.

Le cockatiel comme compagnon

Le cockatiel (prononcer co-ka-si-elle) (*Nymphicus hollandicus*) est originaire d'Australie où on le trouve encore de nos jours à l'état sauvage. Ce petit oiseau si attachant appartient à l'ordre des psittacidés (oiseau au bec crochu), donc, malgré sa petite taille, il s'agit bien d'un perroquet ; il fait partie de la famille des *cacatuidae* (cacatoès), caractérisée par la présence de plus longues plumes sur la tête, lesquelles forment une huppe que l'oiseau peut déployer ou refermer pour exprimer certains sentiments comme la peur, le désir ou la colère.

Il existe de nos jours, grâce aux efforts des éleveurs, plusieurs dizaines de colorations différentes officiellement acceptées pour le cockatiel. Malgré cela, l'apparence extérieure de ce petit perroquet varie peu : il est élancé, pourvu d'une longue queue et coiffé d'une crête érectile. Il pèse de 75 à 125 grammes et mesure, de l'anus au sommet de la tête, de 25 à 32 centimètres. Il a une tête délicate, un bec crochu, des yeux vifs et attentifs et des membres fins.

Il n'existe que peu de différences entre les sujets de colorations différentes, sinon la couleur ! Que votre cockatiel soit d'un gris ordinaire ou d'un perlé très rare, il n'en sera pas moins un excellent compagnon. Vous devrez probablement payer plus cher pour un cockatiel de coloration rare mais, à moins de vouloir en faire l'élevage, de rechercher l'originalité à tout prix ou, plus simplement, d'être tombé amoureux de ce cockatiel, un petit gris sera, à notre avis, tout aussi satisfaisant. De plus, malheureusement, certaines lignées de cockatiels dites « de fantaisie » paient pour leur beauté le lourd tribut de tares génétiques plus fréquentes ou d'une sensibilité accrue aux maladies. Cependant, les bons éleveurs sauront sélectionner les meilleurs sujets et vous offrir des oiseaux élégants et en bonne santé.

Pourquoi choisir un cockatiel?

Parmi les dizaines de variétés d'oiseaux de volière offerts sur le marché, il peut être difficile de fixer son choix.

Le cockatiel présente des avantages indéniables. Il est assez petit pour se contenter d'une cage peu coûteuse, mais assez gros pour être considéré comme un petit perroquet. Il peut apprendre à prononcer quelques mots et surtout à siffler des mélodies. Bien sûr, il n'égalera jamais le perroquet, et son vocabulaire sera souvent plus restreint que celui de la petite perruche ondulée. N'achetez donc pas votre cockatiel uniquement pour ses talents de vocalisateur.

Le prix d'un cockatiel est très raisonnable; pour les novices de la cohabitation avec un compagnon ailé, c'est le choix qui s'impose. La plupart sont très faciles à apprivoiser, leur morsure est rarement douloureuse (quoiqu'ils peuvent, s'ils sont très effrayés, percer la peau) et pour ceux qui rêvent d'un oiseau plus imposant, l'apprivoisement d'un cockatiel constitue une étape intéressante.

Mais le cockatiel représente bien plus que cela: extrêmement attachant et sociable, il adore le contact humain et pourra rester perché des heures sur votre épaule; sa santé est plus robuste que celle des canaris et des perruches; son espérance de vie est de 15 à 18 ans et, bien qu'elle soit beaucoup moindre que celle d'un perroquet, elle demeure intéressante. Bref, nous allons vous apprendre à aimer un petit oiseau qui n'est rien de moins qu'adorable.

Que choisir, un mâle ou une femelle ?

Avant l'achat, vous aurez probablement déjà réfléchi à la question : de quel sexe est-ce que je désire mon oiseau ?

L'un et l'autre ont leurs problèmes, leurs avantages et leurs inconvénients mais dites-vous bien une chose : si votre oiseau a vraiment moins de six mois, ce qui est très probable dans le cas d'une première acquisition (un jeune oiseau étant plus facile à apprivoiser et ayant, bien sûr, une espérance de vie plus longue), il n'existe aucun moyen de déterminer à coup sûr si votre petit protégé est un « Coco » ou une « Cocotte » !

En effet, avant la première mue — qui a lieu vers l'âge de six mois — mâle et femelle auront le même plumage, plutôt terne et bariolé ; ensuite seulement, les différences deviendront visibles. L'éleveur très attentif à ses protégés pourra (avec une certaine marge d'erreur) « prédire » le sexe de votre oiseau selon son comportement. C'est amusant… mais nous ne parierions pas !

Choisir un mâle

Selon l'opinion la plus répandue, le cockatiel mâle serait plus enclin à parler et à siffler que la femelle, son caractère serait plus placide et, surtout, il ne cause pas de problèmes de ponte. Vrai et faux ! Bien sûr, le mâle cockatiel ne pondra jamais (ce qui peut être un réel problème avec les femelles), mais pour ce qui est de la vocalisation, cela varie beaucoup. Nous considérons que tous les sujets ont le potentiel de parler et de siffler, mais que l'éducation et le caractère particulier de chacun importent beaucoup plus que le sexe. De plus, certains mâles sont parfois très bruyants lorsqu'ils manquent d'attention et leurs cris stridents pourraient vous agacer (voir « La vocalisation excessive », p. 133).

Si votre oiseau a plus de six mois, des variations dans la coloration de son plumage vous permettront de distinguer s'il s'agit d'un mâle ou d'une femelle.

Précisons que les organes sexuels des oiseaux sont situés à l'intérieur du corps et que l'anatomie externe ne vous est donc d'aucune aide dans le sexage de vos oiseaux.

Selon la variété de cockatiels, voici quelques façons de distinguer le mâle.

CHEZ LE COCKATIEL GRIS

- Le visage est jaune citron ;
- Les joues sont d'un orangé brillant ;
- La queue est gris foncé, uniforme ;
- Le plumage du corps est plus foncé que celui de la femelle ;
- Les grandes plumes de vol des ailes sont gris uni.

CHEZ L'ALBINOS

- La queue et les grandes plumes de vol des ailes sont jaune très pâle, uni, presque blanche.

CHEZ LE LUTINOS (JAUNE)

- Mêmes caractéristiques que l'albinos sauf que le jaune est plus prononcé, mais toujours uni.

CHEZ LE PERLÉ

- Les joues sont d'un orangé brillant ;
- Les taches jaune et blanc disséminées qui forment les « perles » s'affadissent avec l'âge.

CHEZ LES AUTRES

- Il existe maintenant de plus en plus de mutations de couleurs et il devient difficile de distinguer les mâles des femelles. Pour certaines lignées, tel le « bigarré », les deux sexes sont identiques.

Les couleurs du mâle sont plus éclatantes et plus contrastées, et les plumes de vol des ailes sont unies, ainsi que celles de la queue.

Plumes de vol
(face interne)

Mâle

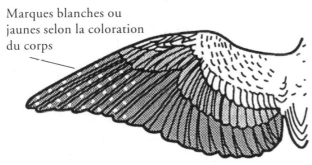

Marques blanches ou jaunes selon la coloration du corps

Plumes de vol
(face interne)

Femelle
(ou tout oiseau
plus jeune que
6 mois)

Choisir une femelle

La femelle cockatiel peut aussi bien apprendre à vocaliser que le mâle et, souvent, elle est moins «bruyante», car autant il est agréable d'entendre le joyeux sifflement d'un oiseau, autant le même son strident et répétitif, à longueur de journée, peut devenir irritant (voir p. 133, «La vocalisation excessive»).

Cependant, surtout si elle est très apprivoisée, la femelle cockatiel peut vous offrir la surprise d'une ponte (non, elle n'a pas besoin d'un mâle pour cela! voir p. 81) et, conséquemment, souffrir de réels problèmes : œufs retenus, manque de calcium, fracture des membres, prolapse utérin et même décès.

Avant leur première mue, vers six mois, tous les jeunes cockatiels sont dits immatures et ont le même plumage que la femelle.

Si vous achetez un jeune oiseau, ne vous hâtez donc pas trop de lui donner un prénom féminin! Si l'oiseau est plus âgé, ces quelques particularités vous permettront de reconnaître les femelles.

CHEZ LE COCKATIEL GRIS

- La tête est grise avec un tout petit peu de jaune près des joues ;
- Les joues sont d'un orangé brunâtre ;
- La queue est striée de bandelettes jaunes ;
- Le corps est gris brun, plus pâle que celui du mâle ;
- Les plumes primaires distales des ailes sont striées, sur leur face interne, de taches jaunâtres transversales.

CHEZ L'ALBINOS ET LE LUTINOS

- La queue et les ailes sont striées de subtiles bandes d'un jaune à peine plus foncé que la couleur de fond.

RÈGLE GÉNÉRALE

Les couleurs du plumage d'une femelle sont moins éclatantes et moins contrastées que chez le mâle. Ce dernier est aussi souvent plus élancé et moins massif. Les stries sur les plumes de vol sont présentes chez les femelles seulement (voir schéma p. 15) sauf pour certaines mutations et chez tous les mâles immatures. Un cockatiel qui pond est sans l'ombre d'un doute une femelle!

Choisir un couple

Différentes raisons peuvent vous inciter à vouloir non pas un, mais deux cockatiels.

• Pour la reproduction… Évidemment, c'est essentiel!

Assurez-vous d'avoir un mâle et une femelle! Si vous comparez deux adultes d'une même variété, il vous sera plus facile de les distinguer grâce aux nuances, parfois subtiles, de leur coloration. N'oubliez pas que l'homosexualité existe aussi chez les animaux; deux mâles ou deux femelles peuvent très bien cohabiter. Le fait qu'ils semblent très bien s'entendre ne signifie donc pas qu'il s'agit d'un «vrai» couple. Essayez d'éviter les couples frère-sœur ou parent-enfant.

• Parce que vous avez beaucoup d'occupations et peu de temps à consacrer à un oiseau, vous pensez qu'ils s'ennuieront moins à deux.

Excellente raison. Le cockatiel est un oiseau très sociable, et même une abondance de jouets ne le satisfera pas. Sachez cependant qu'il est beaucoup plus difficile d'apprivoiser deux oiseaux en même temps. Élever un oiseau solitaire est déjà une entreprise difficile, mais en élever deux demande beaucoup d'efforts pour une personne occupée!

• Parce que vous ne voulez pas séparer deux oiseaux qui semblent si bien s'entendre.

En effet, à la boutique d'animaux ou chez l'éleveur, les cockatiels sont souvent gardés en groupe ou en couple. Même dans une volière où peuvent cohabiter des dizaines d'oiseaux, des liens affectifs se créent entre deux individus (la vieille notion de couple a la vie dure!), et une observation sommaire vous permettra de comprendre que tel et tel oiseau sont des amis intimes.

N'ayez crainte, vous pouvez sans remords séparer deux oiseaux qui n'ont pas vécu ensemble pendant plusieurs années. Bien sûr, l'oiseau choisi sera un peu dépressif pendant quelques jours, mais il n'en reportera que plus rapidement sur vous son désir d'affection. Par contre, s'il s'agit d'un couple cohabitant depuis longtemps, il vaudrait mieux éviter la séparation. L'oiseau isolé ira rarement jusqu'à se laisser mourir de faim, mais il peut réduire sa consommation de graines au point de maigrir beaucoup et, en conséquence, devenir plus sensible aux maladies. Certains iront jusqu'à s'arracher les plumes et même à se mutiler, par ennui, ou deviendront très criards et agressifs.

Choisir plus de deux oiseaux

Si votre cage est assez vaste pour offrir un espace adéquat à plus de deux oiseaux, ce pourrait être intéressant d'avoir trois, quatre et même plus de cockatiels ensemble. On parle alors d'une volière. Vous remarquerez que même en volière, la tendance est à la formation de couples et il vaut mieux garder un nombre pair qu'impair de cockatiels.

Où et comment acheter un cockatiel

L'achat d'un cockatiel demande mûre réflexion, non que son prix soit très élevé, mais parce que cela implique beaucoup de responsabilités. Cet oiseau que vous avez choisi deviendra votre compagnon pendant plusieurs années. Il est entièrement dépendant de vous pour sa survie et, nous l'espérons, pour mieux que cela encore : *vivre* et *vivre heureux* !

Chez l'éleveur

Si cela vous est possible, un bon éleveur est sans nul doute la meilleure ressource pour vous procurer un cockatiel. Vous pouvez demander à voir les parents de votre oiseau, obtenir sa généalogie et la date exacte de sa naissance.

Les éleveurs de cockatiels sont assez nombreux puisque cette espèce se reproduit bien en captivité. Cependant, qui dit nombre dit aussi du meilleur et du pire! Informez-vous auprès des vétérinaires pour connaître un bon éleveur. Celui-ci aura probablement un dossier chez votre vétérinaire, non parce qu'il a des problèmes mais parce qu'il pratique la prophylaxie, c'est-à-dire la prévention. Souvent, le bon éleveur demandera au vétérinaire une visite semestrielle ou annuelle à domicile pour juger de l'état de santé de ses oiseaux. Il fera autopsier tous les sujets morts de causes inconnues et, si nécessaire, suivra un programme de médecine préventive.

Vous pouvez aussi dénicher un bon éleveur en assistant à des expositions d'oiseaux ou en demandant la liste de membres des clubs d'ornithologie de votre région. Cependant, certains éleveurs de qualité ne se présentent pas à ces concours de peur de contaminer leurs oiseaux au contact de dizaines d'autres, qui ne proviennent pas toujours de sources très sûres.

La majorité des éleveurs de cockatiels auront aussi d'autres espèces d'oiseaux à vous proposer. Cela dénote un intérêt certain pour l'aviculture (élevage des oiseaux), mais il existe aussi quelques éleveurs spécialisés uniquement dans l'élevage des cockatiels.

En résumé, pour connaître un bon éleveur, adressez-vous aux vétérinaires, visitez des expositions d'oiseaux, consultez la liste des associations d'aviculteurs et communiquez avec eux, feuilletez les revues spécialisées sur les oiseaux; bref, informez-vous auprès de plusieurs sources.

Vous pouvez demander de visiter l'élevage, mais ne vous étonnez pas trop si l'on vous oppose un refus. Parfois, hélas! c'est que l'endroit n'est pas bien entretenu, mais, le plus souvent, certains éleveurs très consciencieux préfèrent, pour des raisons d'hygiène et pour le bien-être des oiseaux, ne laisser personne les déranger. Si un éleveur vous refuse une visite, prenez la précaution de vérifier auprès d'autres sources s'il a bonne réputation (ne consultez pas un autre éleveur, la compétition étant vive dans ce milieu!).

Le prix des oiseaux vendus chez les bons éleveurs est parfois plus élevé, mais considérez que l'éleveur a dû faire des dépenses importantes pour nourrir et entretenir les parents pendant plusieurs années et, surtout, pour prendre soin des bébés cockatiels. Certains éleveurs nourrissent à la main les bébés pendant les deux dernières semaines ou plus avant le sevrage. Les jeunes cockatiels seront alors très apprivoisés et plus doux.

Certains éleveurs se spécialisent dans le développement de mutations et de coloris inusités et peuvent vous proposer des cockatiels au plumage beaucoup plus rare.

De plus, de nombreux éleveurs peuvent vous fournir des oiseaux qui ont été élevés avec de la moulée au lieu de graines, ce qui est recommandé pour la santé et la longévité de votre oiseau (voir p. 36-37).

Dans une boutique d'animaux

La boutique d'animaux est l'endroit le plus accessible pour se procurer un cockatiel, mais il faut bien la choisir. Vérifiez si le personnel est compétent et en mesure de bien vous conseiller. L'endroit est-il propre? Vous permet-on de faire examiner votre futur oiseau par un vétérinaire en vous donnant une garantie de 24 à 48 heures en cas de problèmes majeurs? Les boutiques d'animaux vous offrent l'occasion de voir plusieurs sortes d'oiseaux et vous permettent donc de choisir celui qui vous convient le mieux. Elles offrent aussi un service après-vente et tous les accessoires nécessaires pour agrémenter la vie de votre cockatiel.

Certaines boutiques d'animaux ont leur propre élevage; d'autres traitent avec un ou plusieurs petits éleveurs locaux. Néanmoins, dans la majorité des cas, les oiseaux sont achetés par catalogue, comme de la marchandise, chez des grossistes qui les importent ou s'approvisionnent dans des fermes d'élevage commerciales. La qualité des cockatiels peut donc varier beaucoup d'un lot à un autre. Cependant, certaines boutiques d'animaux sélectionnent les oiseaux avant la vente et retournent les sujets douteux aux fournisseurs. Votre vétérinaire pourra vous recommander une bonne boutique d'animaux.

CONSEILS

- Magasinez un peu, vous serez étonné des différences de prix des cockatiels d'une animalerie à une autre. Attention! Il vaut souvent mieux payer un peu plus cher pour un oiseau en santé, plus calme, plus doux et qui a été nourri à la main que de se fier seulement au prix et se retrouver avec un oiseau hypernerveux ou malade.
- Considérez aussi le service que vous recevrez après l'achat et demandez-vous si vous pourrez retourner en tout temps avec vos questions et vos interrogations. Serez-vous bien reçu? Une vente rapide, sous pression, sans prendre le temps de bien vous informer des responsabilités liées à la possession d'un oiseau n'augure rien de bon, dans le cas où vous auriez des problèmes avec votre cockatiel.
- Les boutiques d'animaux ne sont pas des cliniques vétérinaires. Les gens y travaillant n'ont pas l'expertise pour diagnostiquer et traiter les animaux malades. Un problème médical demande l'attention d'un professionnel de la santé: le vétérinaire.
- N'achetez pas d'oiseaux provenant de lieux sales ou surpeuplés. Les marchés aux puces, les foires, les vendeurs itinérants sont à déconseiller.
- Si l'on vous parle d'une garantie de santé, demandez-la par écrit au vendeur.

D'un particulier

La reproduction du cockatiel en captivité étant assez simple, un voisin ou un ami pourrait vous proposer un jeune cockatiel, ce qui constituerait un choix judicieux si :

- les parents sont exempts de tares génétiques (problème de plumage, difformité du bec, etc.). (Un éleveur attentif ne les aurait pas retenus pour la reproduction.) ;
- les adultes et les jeunes ont reçu une alimentation adéquate. Malheureusement, beaucoup de gens se contentent de nourrir leur cockatiel avec des graines sans supplément (voir p. 32). Par conséquent, les problèmes de croissance, de difformités osseuses et de malnutrition, qui prédisposent aux infections, sont plus nombreux chez les bébés provenant de particuliers que chez ceux des éleveurs ;
- les jeunes cockatiels ont reçu assez d'attention humaine pour ne pas être trop craintifs ou hypernerveux.

Souvent, heureusement, ces conditions seront satisfaites et les bébés cockatiels gâtés et chouchoutés, ayant reçu plus d'attention parce qu'ils sont moins nombreux qu'en élevage, seront de merveilleux compagnons déjà apprivoisés.

Par les petites annonces

À l'occasion, vous trouverez dans les petites annonces des journaux, revues, babillards, etc., des cockatiels à vendre. Parfois, il est possible de conclure un très bon marché mais il faut surtout s'informer de la raison de la vente et ne pas hésiter à bien questionner à ce sujet.

Le couple de cockatiels « un peu bruyants » le sera autant sinon plus chez vous et il vaut mieux alors bien considérer votre environnement et votre tolérance au bruit.

Par contre, il est aussi vrai que plusieurs oiseaux ont des troubles de comportement, tels que vocalisation excessive, morsure, agressivité, hypernervosité, parce qu'ils sont négligés et incompris. Ces oiseaux seront beaucoup plus heureux dans votre foyer.

Critères pour bien choisir votre cockatiel

Peu importe d'où proviendra votre nouvel oiseau, les règles de base présentées ici peuvent vous aider à choisir le meilleur sujet.

L'âge

Un jeune oiseau (moins de six mois) sera beaucoup plus facile à apprivoiser et, pour un débutant, représentera sûrement le meilleur choix. Comme nous l'avons expliqué plus tôt, tous les oiseaux immatures ont un plumage identique à celui des femelles adultes. Pour un jeune oiseau, recherchez celui aux couleurs plus ternes, ayant les plumes de la queue et des ailes striées de taches horizontales (variables selon les colorations). Le très jeune oiseau a aussi un bec plus pâle qui noircira en vieillissant (chez le spécimen de coloration grise). Les yeux sont grands, d'un brun noir profond, à l'iris presque indiscernable.

En cas de doute sur l'âge de votre oiseau, consultez une personne compétente : vétérinaire, éleveur, propriétaire de boutique d'animaux fiable. Mais sachez qu'il n'existe aucune façon d'être absolument certain de l'âge exact d'un oiseau. Chez le chien, le chat, le cheval, l'examen de la dentition nous donne des indices précieux, mais, voilà, les poules (et les cockatiels) n'ont pas de dents ! Cependant, toute personne expérimentée peut distinguer un bébé oiseau d'un adulte.

Si l'oiseau est « bagué » vérifiez le numéro de la bague. Dans plusieurs cas, l'année de la naissance sera inscrite verticalement ainsi que d'autres chiffres horizontaux codés différemment selon l'éleveur.

Exemple :
Année écrite verticalement : 98
Code : 123
numéro des parents,
numéro de la portée,
etc.

Dans ce cas, le cockatiel est né en 1998. Les mois ne sont presque jamais inscrits. Si la bague n'a aucune ouverture, cela signifie qu'elle a été enfilée dans la patte toute menue de l'oiseau naissant. C'est donc une bonne preuve de l'âge réel de l'oiseau. Certains éleveurs fonctionnent uniquement par code et il peut être difficile de savoir l'âge de cette façon.

L'oiseau plus âgé, s'il n'est pas trop nerveux — ou si vous avez de la patience et du talent —, peut aussi vous séduire. Il a souvent des couleurs plus vives et se vend parfois moins cher. Pensez aussi qu'il est beaucoup plus difficile pour lui de trouver preneur et que vous pourrez faire une bonne action en l'adoptant.

Nourri à la main ou non

Il est de plus en plus courant de retrouver des cockatiels dits « nourris à la main » (*hand-feed* en anglais). Il s'agit le plus souvent d'oisillons âgés de deux à trois semaines que l'on a séparés de leurs parents naturels pour les nourrir à la seringue ou à la cuillère jusqu'au moment du sevrage. L'oisillon sera alors très attaché aux humains et, pourvu qu'il ait été bien socialisé, s'avérera le meilleur achat pour le propriétaire débutant ou n'ayant que peu de temps à consacrer à l'apprivoisement.

L'apparence extérieure

Autant que possible, commencez avec un spécimen parfait. L'oiseau idéal aura un plumage brillant, sans zone déplumée (quoique plusieurs oiseaux soient chauves sous la crête, mais ce n'est qu'un défaut génétique sans conséquence, sinon pour la reproduction), les yeux vifs et un comportement alerte.

Méfiez-vous de l'oiseau inactif, au plumage hérissé, surtout s'il dort la tête retournée et enfouie dans ses plumes. Même si l'achat d'un cockatiel ne représente pas un investissement majeur, vous devez prendre le temps de bien le choisir. Il est extrêmement triste et décevant de voir mourir son oiseau quelques semaines, voire quelques jours après l'achat; alors prudence!

Observez bien l'oiseau que vous désirez acheter: est-il alerte? mange-t-il bien? ses selles sont-elles normales? (comparez-les avec celles des autres oiseaux), son plumage est-il lisse et non ébouriffé? ses narines sont-elles claires? sa respiration facile? est-il enjoué et curieux? Ce sont autant de signes de bonne santé.

CONSEILS

- Les très jeunes oiseaux vont normalement passer quelques heures en plein jour à se reposer, le plumage un peu gonflé. Observez-les à différentes heures de la journée. Si ces périodes de repos sont entrecoupées de périodes très actives, il n'y a aucun problème.
- Prenez le temps d'examiner tous les autres oiseaux en contact avec votre futur compagnon. Si l'un d'entre eux a la diarrhée ou des problèmes respiratoires (nez qui coule, éternuements, difficulté à respirer), il pourrait souffrir d'une maladie contagieuse; même si le vôtre semble bien se porter, il pourrait couver la même maladie et ne montrer des symptômes que lorsqu'il sera trop tard.

- Jetez un coup d'œil à son environnement : des plats sales, un fond de cage malpropre, une odeur désagréable sont des signes de mauvaise hygiène ; les bactéries et les champignons, qui peuvent y proliférer, ont peut-être déjà contaminé l'oiseau de votre choix.
- Un oiseau un peu déplumé dans le cou ou sur la tête peut souffrir des coups de bec de ses congénères mais aussi d'une maladie de peau ou de parasites. En cas de doute, demandez à faire isoler votre futur oiseau pour une semaine. Si la zone déplumée est ensuite recouverte de petits piquants (nouvelles plumes non adultes), alors achetez-le sans crainte.
- Les maladies respiratoires sont sans doute les plus dangereuses chez le cockatiel. N'achetez jamais un oiseau qui éternue fréquemment (une à deux fois par jour est cependant normal), qui respire bruyamment ou dont les narines sont obstruées par des sécrétions.
- Si vous avez déjà un ou plusieurs oiseaux à la maison, attendez trente jours avant de les mettre en contact avec le nouveau venu.

Le comportement

Voici quelques indications pour choisir rapidement un cockatiel qui vous fera un bon compagnon.
- Observez de loin votre futur oiseau et voyez comment il interagit avec ses compagnons de cage. Choisissez de préférence un oiseau actif, curieux, joueur et qui recherche la présence de ses congénères.
- Approchez-vous de la cage et notez la réaction des oiseaux à votre présence. Choisissez le cockatiel calme et attentif qui vous observe du coin de l'œil avec intérêt et qui, peut-être, s'approche de vous.
- Sifflez gentiment et le cockatiel de choix vous observera en penchant un peu la tête de côté pour manifester son intérêt et

mieux vous écouter. S'il vous répond doucement, parfait, ce sera un oiseau enclin à siffler et à parler. S'il crie plus fort que vous : attention ! ce peut être un oiseau un peu bruyant.

CONSEILS

- Évitez l'oiseau qui se précipite en panique à l'autre bout de la cage.
- Évitez aussi l'oiseau trop amorphe et indifférent, il est peut-être malade.
- Si l'oiseau est déjà apprivoisé, demandez à le prendre sur votre doigt. Évitez l'oiseau qui mord avec vigueur. Par contre, sachez que tous les bébés cockatiels sont un peu mordilleurs ; c'est normal, ils explorent leur milieu.

L'examen vétérinaire

Malgré toute votre bonne volonté, certains défauts ou problèmes peuvent vous échapper et il est bon de demander, lors de l'achat, la permission de faire examiner l'oiseau (à vos frais) par un vétérinaire. La plupart des boutiques d'animaux ou des éleveurs accepteront — pourvu que l'examen se fasse dans un délai de 24 à 48 heures après l'achat — et ils remplaceront l'oiseau si un problème était alors détecté. Cet investissement vaut souvent le coût, compte tenu que la mortalité chez les cockatiels est surtout élevée lors des premiers mois suivant l'achat.

Malheureusement, certaines maladies ne seront détectables qu'après plusieurs jours d'incubation ; cependant, un bon vétérinaire pourra parfois vous mettre en garde s'il remarque certains symptômes (maigreur, déshydratation, pâleur des muqueuses, difficultés respiratoires).

Certains tests (parasitologie, culture de selles, prise de sang, rayons-X) pourraient aider à préciser l'état de santé de votre futur oiseau. Cela représente un investissement supplémentaire mais utile dans les cas douteux. L'examen du vétérinaire ne vous met pas à l'abri de problèmes ultérieurs, mais c'est une très bonne précaution à prendre.

CONSEILS

- Si un vendeur refuse l'examen vétérinaire, n'achetez pas l'oiseau. De toute façon, l'examen est à vos frais alors *si son oiseau est en santé*, qu'a-t-il à perdre?
- Si possible, consultez un vétérinaire qui a de bonnes connaissances en médecine aviaire (médecine des oiseaux), très différente de celle des chiens ou des chats.
- Profitez de votre visite chez le vétérinaire pour faire donner à l'oiseau les soins de base : coupe des plumes et des griffes. Demandez-lui des conseils sur l'alimentation et les soins à donner à votre oiseau.

Les premiers jours après l'achat

Vous avez enfin fait le saut : vous avez acheté un cockatiel ! Attention, les premiers jours de sa vie avec vous sont critiques. Cet oiseau intimidé qui vous regarde du coin de l'œil et observe tout un chacun est intelligent et sensible : il sera marqué par tous les nouveaux événements. Laissez-lui le temps de s'adapter. Remettez à plus tard les changements alimentaires et surveillez-le étroitement. S'il n'est pas apprivoisé, il vaut mieux ne pas le sortir de la cage avant une semaine. Ne lui donnez pas de bain durant les deux premières semaines. Gardez-le éloigné des autres animaux et des sources de stress.

Plusieurs cockatiels refuseront de s'alimenter pendant 24 à 36 heures si leur nouveau milieu est trop stressant. Dans ce cas, couvrez trois côtés de la cage avec une couverture, mettez l'oiseau dans une pièce isolée tout en lui laissant une vue sur son environnement (une chambre donnant sur la cuisine est idéale) et offrez-lui du millet en grappe en plus de ses graines de base. Si le jeûne persiste pendant plus de 24 heures, communiquez avec un vétérinaire, car l'oiseau pourrait en mourir. Certains bébés oiseaux très sociabilisés (nourris à la main, par exemple) ne mangeront que si vous leur offrez les graines une par une, à la main. Répondez à ce caprice pendant les premiers jours puis, à moins que vous n'ayez beaucoup de temps et le désir de continuer, diminuez votre présence et il devrait graduellement se nourrir de lui-même.

Si votre oiseau provient directement de chez l'éleveur et si quelque chose ne va pas dans les jours suivant l'achat, n'hésitez pas à communiquer avec ce dernier. Son avis et ses conseils sont très précieux.

Anatomie de l'oiseau normal

Certains termes anatomiques sont particuliers aux oiseaux et peuvent être déconcertants pour le néophyte.

Les deux schémas suivants peuvent vous aider à mieux comprendre votre cockatiel.

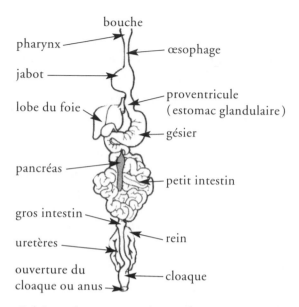

Schéma du système digestif et urinaire

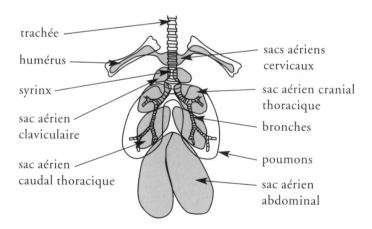

Schéma du système respiratoire de l'oiseau montrant la relation entre les poumons, les sacs aériens et une partie des os creux.

L'alimentation

Une alimentation saine est la clef d'une bonne santé. Cela est particulièrement vrai pour les oiseaux puisqu'ils ont un métabolisme très rapide : un cockatiel peut littéralement « mourir de faim » en moins de 48 heures s'il est privé de nourriture ! Vous n'avez pas, bien sûr, l'intention d'affamer votre oiseau, mais vous pourriez, involontairement, lui donner une alimentation déséquilibrée. C'est d'ailleurs une importante cause de maladies et de décès chez les cockatiels vivant en captivité.

Que doit donc manger votre cockatiel pour atteindre les 15 à 18 ans de longévité que la nature lui alloue ? Une règle d'or très simple s'applique :

> **Offrez à l'oiseau des graines de bonne qualité**
> **Qui, du régime total, représentent la moitié.**
> **Ajoutez un quart de fruits et légumes variés ;**
> **Et oui ! pourquoi pas ? Un quart de votre assiettée !**

Très simple, trop simple ? Voyons donc cette règle en détail.

Les graines

Les cockatiels sont principalement granivores. Une partie importante de leur régime alimentaire se compose donc de graminées. Mais, attention, ne lui donnez pas n'importe quelles graines et, surtout, ne capitulez pas devant un oiseau qui ne mange que du tournesol ou du millet !

Un bon mélange pour votre oiseau doit contenir au moins cinq variétés de graines. Les plus appréciées sont le millet, le lin, le sésame, le safran, l'alpiste, l'avoine, le sarrasin et le tournesol. Idéalement, votre mélange devrait aussi contenir de petits morceaux de fruits séchés, comme des dattes et des raisins, des légumes dont la teneur est haute en vitamine A, comme les piments déshydratés, et des suppléments vitaminés. Évitez les mélanges qui ne contiennent que deux ou trois variétés. Contrairement à ce qu'une certaine croyance populaire affirme, les animaux domestiques ne savent pas instinctivement ce qui est bon pour eux. Tel un enfant qui se gave de sucreries, votre cockatiel peut développer une préférence pour une ou deux sortes de graines, ce qui, à long terme, lui causera non des caries, bien sûr, puisqu'il n'a pas de dents, mais plusieurs autres problèmes bien plus graves : maladies du foie ou du cœur, embonpoint, etc. Lorsque votre oiseau aura épuisé le tournesol et le millet qu'il préfère, il mangera sans doute les autres aliments qu'un bon mélange varié lui procurera.

Les mélanges « vitaminés » sont de meilleure qualité mais plus chers, il va sans dire. Cependant, dans la plupart des cas, les vitamines ont été ajoutées à l'extérieur des graines et votre cockatiel ne mange que l'intérieur. Il absorbera, bien sûr, une certaine quantité de vitamines en ouvrant la graine mais cela ne lui suffit pas. Il est donc nécessaire de lui donner un supplément de vitamines et de minéraux. Quoi qu'en dise l'étiquette du fabricant, il n'existe pas de mélanges de graines « complets », c'est-à-dire qui peuvent être offerts à long terme comme seul aliment, sans entraîner des déficiences nutritionnelles.

- Vous devez changer les graines tous les jours ou, à tout le moins, éliminer les écailles ouvertes qui s'accumulent dans l'auget. Sinon vous pourriez croire que l'oiseau a encore de la nourriture à sa disposition alors qu'il ne lui reste que des graines évidées. Certains oiseaux n'ont pas le réflexe de fouiller jusqu'au fond de l'auget et peuvent mourir de faim.

Cockatiel gris

Cockatiel cannelle

Cockatiel perlé

Cockatiel cannelle

- Conservez la nourriture au réfrigérateur, dans un pot hermétiquement fermé. Pourquoi? Parce que la plupart des mélanges de graines ne contiennent pas d'insecticides, qui pourraient nuire à la santé de votre oiseau. Or, par temps chaud, de petites larves peuvent s'y développer et se transformer ensuite en papillons. Ces parasites ne sont pas dangereux pour votre cockatiel, mais ils peuvent rapidement envahir votre maison.
- Brassez le mélange de graines et sentez-le. S'il vous pique le nez ou vous fait éternuer, il est trop poussiéreux et devrait être jeté. Le système respiratoire de l'oiseau, qui est beaucoup plus sensible que le nôtre aux irritants, peut être gravement atteint par de tels mélanges.
- Un mélange couvert de mousse blanchâtre est contaminé par des moisissures: elles peuvent être mortelles pour votre cockatiel. Soyez attentif!
- Il est préférable d'acheter un mélange commercial pour cockatiels. Tenter de créer vous-même un mélange à partir de graines en vrac peut mener à un déséquilibre alimentaire.
- Les graines de tournesol sont très riches en lipides donc en gras. Elles peuvent causer des problèmes de «foie gras» (lipidose hépatique) et ne devraient jamais être offertes comme unique aliment. De préférence, un mélange pour cockatiel ne devrait pas contenir plus de 10 p. 100 de tournesol. Un mélange sans tournesol, s'il est varié, est également adéquat.
- Le millet en grappe est très apprécié des cockatiels. C'est un bon aliment, mais attention à la surconsommation. Une grappe ou deux par semaine est suffisant. Un cockatiel malade ou anorexique doit recevoir du millet à volonté.
- Les bâtons de miel sont uniquement des gâteries et ne devraient pas être présentés à l'oiseau plus d'une fois par mois.

Les fruits et les légumes

Les fruits et légumes frais sont une excellente source de vitamines et devraient être offerts quotidiennement à votre oiseau. Les fientes de cockatiels qui mangent beaucoup de verdure ont une consistance plus liquide que celles de ceux se nourrissant uniquement de graines ; il ne faudrait pas croire cependant qu'ils souffrent de diarrhée.

Certains fruits et légumes ont une valeur alimentaire supérieure à d'autres. La laitue Iceberg (Briava americana) n'est pas recommandée ; elle ne contient que de l'eau et des fibres et n'apporte guère d'éléments nutritifs réels. Par contre, les autres légumes verts sont une excellente source de vitamine A (en quantité très insuffisante dans les graines).

Légumes : nous recommandons les épinards, le brocoli, le poivron, le chou, les carottes, la luzerne, le chou chinois, la chicorée et le cresson et la plupart des légumes verts feuillus.

À éviter : l'avocat, le persil, les feuilles de betterave et les pommes de terre crues (elles peuvent être toxiques... mais qui voudrait risquer la vie de son cockatiel pour le vérifier !).

Fruits : nous recommandons les pommes, les oranges, les poires, les raisins, les bananes, les melons, les baies (bleuets, fraises, framboises) et les fruits tropicaux.

À éviter : les noyaux de tous les fruits.

Attention : certains cockatiels digèrent difficilement les fruits acides comme les pommes vertes ou les agrumes ; ne leur en offrez qu'en petites quantités et évitez-les si votre oiseau régurgite.

CONSEILS

- Lavez soigneusement tous les fruits et les légumes avant de les présenter à l'oiseau pour les débarrasser des insecticides, des bactéries et des moisissures qui pourraient s'y trouver.

- N'offrez pas à votre cockatiel des aliments que vous ne consommeriez pas vous-même, tels des légumes avariés ou fanés, des fruits piqués par les vers, etc.
- Il est normal que votre cockatiel déchiquette les aliments d'origine végétale et qu'il semble en gaspiller plus qu'il n'en avale. Ne vous découragez pas, il absorbe tout de même une certaine quantité d'éléments nutritifs et, en plus, cela l'occupe et l'amuse.
- Les fruits et les légumes séchés ou cuits peuvent aussi être proposés à l'oiseau. Même si leur valeur alimentaire est moins élevée que celle des aliments frais, ils peuvent constituer un substitut intéressant, voire indispensable, pour certains oiseaux capricieux qui refusent les aliments trop mous ou trop durs.
- Certains aliments fortement pigmentés colorent les fientes. Un cockatiel qui, par exemple, a mangé des betteraves ou des fraises aura des selles rouges pendant quelques heures… c'est normal!

La nourriture de table

Partager votre repas avec votre cockatiel demeure une excellente façon de varier son menu. «Ce qui est bon pour vous est bon pour votre oiseau», si vous pensez à la valeur alimentaire et non aux préférences personnelles! Votre cockatiel peut ainsi manger une partie de votre pizza, d'un macaroni au fromage et même d'un bon poulet, mais évitez l'alcool, les sucreries, le gras et les mets trop épicés. Dans la nature, le cockatiel consomme non seulement des graines mais aussi une petite part de protéines animales sous forme de vers et d'insectes. En captivité, la viande cuite peut lui fournir un apport nutritif supplémentaire. Les œufs et les produits laitiers sont une excellente source de protéines animales et de calcium. Mais attention à l'embonpoint et au problème de foie: œufs et fromage, sauf dans le cas d'une femelle pondeuse, ne devraient pas être offerts plus d'une fois ou deux par semaine.

- Ne nourrissez pas votre cockatiel directement de votre bouche ou avec des aliments qui ont été en contact avec votre salive. Vous pourriez lui transmettre certaines maladies. Plusieurs cockatiels ne consomment de la nourriture de table que dans votre assiette ; cette fâcheuse habitude, qui peut faire fuir les amis dégoûtés, ne doit pas être encouragée. Essayez de l'habituer à manger dans une soucoupe près de vous.
- Le chocolat, les mets trop gras, trop sucrés ou trop salés devraient être bannis du régime alimentaire du cockatiel.
- Si votre oiseau souffre d'embonpoint, évitez les pâtes, les pommes de terre, les biscuits, le beurre et les aliments trop riches. Le pain appartient au même groupe alimentaire que les graines et, même s'il peut être offert quotidiennement à l'oiseau, il ne remplace pas pour autant les autres éléments nutritifs. Choisissez de préférence le pain de blé entier plutôt que le pain blanc, car sa valeur alimentaire est supérieure. Le cockatiel apprécie aussi beaucoup les biscottes et les biscuits secs. Vous pouvez lui en offrir sans problème.
- Mettez la nourriture de table dans un auget différent de celui où vous mettez les graines. Les graines se conservent longtemps, tandis que les autres aliments devraient être enlevés et jetés après quelques heures, s'ils ne sont pas consommés.

Les moulées

Depuis quelques années, on trouve sur le marché des moulées pour les cockatiels et d'autres oiseaux. Elles ressemblent aux moulées pour rongeurs (petits grains de forme cylindrique, ronde ou carrée) et sont de couleurs variées. Certaines de ces moulées sont complètes, c'est-à-dire que chaque bouchée consommée par l'oiseau contient tous les éléments nutritifs indispensables à sa santé ; elles peuvent donc être offertes comme unique aliment. Nul besoin alors de vitamines, de minéraux, de nourriture de table, etc. *Mais attention…* Les moulées ne sont pas toutes de qualité égale et certaines se sont même révélées extrêmement toxiques après quelques mois de consommation, car elles étaient mal équilibrées. Le principal inconvénient de la moulée demeure le refus des oiseaux de la consommer s'ils n'ont pas été habitués jeunes à ce menu. Un cockatiel peut être têtu et se laisser dépérir s'il n'aime pas sa nourriture. Vous devez essayer de diminuer graduellement la quantité de graines tout en mélangeant une quantité de plus en plus grande de moulée dans son auget. Cependant, assurez-vous qu'il consomme vraiment la moulée avant d'éliminer les graines. Dans le futur, nous croyons que la moulée sera l'aliment de choix pour tous les oiseaux et remplacera les graines.

CONSEILS

- Utilisez uniquement une moulée recommandée par les vétérinaires et les aviculteurs (éleveurs d'oiseaux) de votre région. Procurez-vous la liste des aliments contenus dans la moulée, ainsi que sa teneur en vitamines et en minéraux. Si le fabricant ne peut vous fournir cette liste, évitez cette moulée.
- Offrez tout de même à votre cockatiel une petite quantité de fruits et de légumes frais à tous les jours pour varier son menu et l'occuper.
- Certaines moulées sont spécialement préparées pour les oiseaux en reproduction, en croissance ou en période de stress. Utilisez-les seulement au besoin, car un excès d'éléments nutritifs peut être aussi nocif qu'une carence.

- La moulée est spécialement indiquée pour le cockatiel qui se montre récalcitrant aux nouveautés et refuse toute nourriture de table.

Les liquides

Même si sa consommation de liquides est minime (de 2 à 5 ml par jour), *un cockatiel ne peut survivre sans eau.* Un oiseau qui ne consomme que de la moulée ou des graines boit plus que celui qui consomme beaucoup de nourriture riche en eau, tels les fruits et les légumes. C'est normal.

L'eau devrait toujours être fraîche, propre et d'un accès facile pour l'oiseau.

CONSEILS

- Avant de remplir l'auget avec l'eau du robinet, laissez-la couler pendant une ou deux minutes afin d'éliminer les bactéries et les dépôts de minéraux qui peuvent se développer dans la tuyauterie.
- L'eau minéralisée peut amener des problèmes de santé à long terme. Elle contient parfois du plomb et de l'arsenic en quantité négligeable pour nous, mais pouvant être toxique pour le cockatiel. L'eau de source, par contre, est sans danger si elle ne contient ni plomb, ni arsenic. (Vérifiez l'étiquette.) Elle serait même préférable à l'eau du robinet.
- Vous pouvez aussi offrir à l'oiseau des jus de fruits et de légumes. Certains cockatiels les adorent et c'est une bonne source de vitamines.
- Le café, le thé et l'alcool sont à éviter absolument. Malgré ce que vous diront certains, une rasade de cognac ne guérira pas votre cockatiel... ni vous non plus, en cas de maladie !

Les suppléments de vitamines et de minéraux

Si vous ne pouvez offrir à votre cockatiel une moulée équilibrée, vous devrez ajouter à son régime des vitamines et des minéraux même s'il a une alimentation variée. Une foule de produits sont disponibles ; voici des conseils qui vous aideront à choisir les meilleurs.

CONSEILS

- Recherchez des suppléments à composantes multiples... la vitamine B_{12} est certes nécessaire, mais elle n'est pas la seule! Mélanger trois ou quatre produits les rend souvent moins efficaces et demande beaucoup de temps.
- Dans les graines, les vitamines et les minéraux qui manquent le plus sont les vitamines A, B_{12}, C, D_3 et K, ainsi que le calcium, le zinc et l'iode. Ils devraient être inclus dans le supplément choisi.
- Achetez un produit dont l'étiquette vous renseigne sur la quantité exacte de ses différentes composantes. Si on mentionne simplement «supplément vitaminé», vous pouvez conclure que le fabricant ne connaît pas exactement la teneur des ingrédients de ce produit ou qu'il préfère ne pas décrire sa composition ; quoi qu'il en soit, le produit est probablement de piètre qualité.
- Les suppléments peuvent être ajoutés à l'eau, aux graines ou à la nourriture préférée de l'oiseau. Choisissez la manière qui incitera votre cockatiel à en consommer une plus grande quantité. Ainsi, dans le cas où votre cockatiel refuse tout sauf des graines, ajoutez les suppléments dans son eau ; il ne peut pas se passer de boire. S'il consomme facilement les

fruits, donnez-lui les vitamines et les minéraux avec un morceau de pomme ou de raisin.

- Il semble que les suppléments de minéraux soient mieux absorbés lorsqu'ils ne sont pas combinés aux vitamines. Nous recommandons de fournir ces suppléments en alternance : les vitamines un jour, les minéraux le jour suivant. Les suppléments de minéraux, bien qu'ils soient souvent négligés, se révèlent aussi importants que les suppléments de vitamines. La femelle en période de ponte est particulièrement prédisposée aux problèmes secondaires liés à une carence en calcium ; l'apport en minéraux dans son régime alimentaire devrait être élevé.

Le gravier

Le gravier demeure un produit controversé. Jusqu'à tout récemment, nos connaissances sur les cockatiels reposaient sur celles que nous avions des poules ! Or, même s'il est vrai que les poules et les pigeons, qui avalent leurs graines sans les broyer, bénéficient de l'apport de gravier pour mieux digérer, votre cockatiel, lui, décortique les graines avant de les avaler, ce qui est très différent. Nous avons même vu récemment (depuis que nos moyens de diagnostic se sont améliorés) de nombreux cas de blocage intestinal causés par une surconsommation de gravier. Cet accident est souvent fatal pour l'oiseau.

Plusieurs aviculteurs, propriétaires de boutiques d'animaux et même certains vétérinaires conseillent encore l'utilisation du gravier. Ils vous diront qu'ils l'ont utilisé depuis de nombreuses années sans conséquence fâcheuse et qu'ils ont vu mourir des oiseaux privés de gravier. Demandez-vous ceci : tous les cockatiels morts chez eux ont-ils été autopsiés ? Les cas de mort « de cause non déterminée » ne sont-ils pas en fait des cas de blocage par le gravier ? A-t-on pris des radiographies des oiseaux malades (car le gravier est très visible sur les radiographies)? Nous n'avons jamais pu prouver que le manque de gravier peut amener des problèmes, mais nous possédons des radiographies impressionnantes montrant des oiseaux dont le système digestif est obstrué par le gravier. Ce problème est même souvent fatal pour l'oiseau.

À ce propos, l'AAV (Association of Avian Veterinarians), une association internationale regroupant des centaines de vétérinaires et d'autres intervenants travaillant auprès des oiseaux de compagnie (et non des poules!), recommande officiellement de ne pas utiliser de gravier ou, à tout le moins, de n'en permettre qu'un accès très limité. Devant tant d'avis divergents, nous devons *déconseiller, pour des raisons médicales, l'utilisation du gravier.* En fait, nous avons vu plus d'oiseaux malades parce qu'ils ont surconsommé du gravier (vérifiable par des rayons X) que d'oiseaux ayant peut-être manqué de gravier (invérifiable!). De plus en plus de fabricants ont remplacé le gravier ordinaire (petites roches non digestibles) par un mélange de sable et d'écailles d'huîtres (voir point suivant).

- *Les écailles d'huîtres ou d'autres coquillages,* parfois appelés «gravier anisé» ou «gravier marin» par certains manufacturiers, sont d'excellentes sources de calcium. Elles peuvent aider à la digestion sans entraîner de blocages puisqu'elles sont rapidement digérées par l'organisme. Le cockatiel femelle est plus enclin aux carences en calcium et il serait bon de lui en fournir régulièrement.

- Ne déposez pas les écailles, les suppléments de calcium ni d'autres aliments dans le fond de la cage. Considérez le fond de la cage comme les toilettes de l'oiseau. Vous ne voudriez surtout pas qu'il y consomme des aliments contaminés. Vous pouvez servir les écailles d'huîtres dans un auget spécialement réservé à cette fin ou encore en saupoudrer une pincée sur ses graines tous les jours.

Divers (sucreries, nourriture spéciale, médicaments, écailles d'huître, charbon, os de seiche)

Dans les boutiques d'animaux, la section des articles pour oiseaux est un impressionnant mélange du meilleur et du pire. Vous pouvez y trouver des antibiotiques, des barbituriques, des produits antipicage (souvent à base d'ingrédients toxiques), des graines de bonne et de moins bonne qualité (n'oubliez pas que vous en avez souvent «pour votre argent»), des jouets, des suppléments, et combien d'autres choses encore!

Certains de ces produits sont d'une utilité réelle, mais d'autres se révèlent superflus et même carrément dangereux. N'oubliez pas que la publicité qui entoure un produit ne signifie pas qu'il est utile et non toxique…

CONSEILS

- Offrir occasionnellement des sucreries (bâton ou cloche au miel, gâteau) à votre cockatiel ne lui causera aucun tort, mais n'abusez pas… Une fois toutes les deux semaines, c'est suffisant.
- Le bec d'un cockatiel en santé s'use de façon normale par les simples va-et-vient qu'il fait pour se nourrir, se nettoyer et vocaliser. Les pierres volcaniques, os de seiche et blocs minéraux ne sont pas essentiels pour le bec. Cependant, les blocs minéraux et les os de seiche sont une bonne source de calcium pour l'organisme. Quant aux pierres volcaniques, on devrait les éviter parce qu'elles sont considérées comme du gravier.
- Les antibiotiques, les produits antipicage, les vermifuges et divers autres médicaments disponibles à la boutique d'animaux

---

sont à éviter absolument. Traiter un être humain est déjà difficile, même s'il peut expliquer ses malaises et identifier la source du mal, mais traiter un oiseau, maître dans l'art de cacher ses symptômes et muet quant à ses problèmes, est uniquement du ressort du vétérinaire. Les médicaments «contre le rhume» ou «contre la diarrhée» n'ont souvent comme effet que de retarder votre visite chez le vétérinaire et, durant ce temps, l'état de l'oiseau ne fait que s'aggraver.

• Le charbon n'est d'aucune utilité. Il est offert sous prétexte d'absorber les toxines alimentaires, alors qu'un régime équilibré ne devrait surtout pas être toxique! En réalité, il diminue l'absorption de plusieurs vitamines essentielles.

Le cockatiel capricieux

Les pages précédentes vous ont expliqué comment bien nourrir votre cockatiel. Vous savez maintenant ce qui est bon pour lui, mais lui, le sait-il? Malheureusement, non! Le cockatiel refuse souvent obstinément toute nouvelle nourriture surtout si elle est bonne pour sa santé (on jurerait qu'il le fait exprès!). Voici ce que vous pouvez faire avec un cockatiel capricieux.

• Offrez un aliment qui ressemble à ce qu'il consomme déjà, par exemple, des graines de millet germées ou de la luzerne fraîche, s'il les aime.

• Usez de patience. Redonnez-lui, jour après jour, de la nourriture de table même s'il est effrayé la première semaine, détestable la deuxième semaine (en jetant toute la nourriture par terre) et indifférent la troisième semaine. Peut-être qu'enfin, il en consommera après un mois…

• Diminuez la quantité de graines offertes: il sera probablement plus tenté par les autres aliments. Assurez-vous cependant qu'il ne maigrit pas trop.

- Donnez-lui deux repas par jour. Si votre cockatiel refuse systématiquement toute nourriture de table, vous aurez avantage à ne lui offrir que deux repas de graines par jour. Laissez des graines à sa disposition pendant deux heures le matin et deux heures le soir. Entre-temps, présentez-lui d'autres variétés d'aliments.
- Incitez-le à partager vos repas. Le cockatiel très apprivoisé peut s'intéresser à votre nourriture par simple curiosité. Encouragez-le en lui servant sa part dans une petite soucoupe placée près de vous et en lui présentant les aliments dans votre main. Par souci d'hygiène, ne le laissez pas manger directement dans votre assiette et ne lui donnez jamais d'aliments directement de votre bouche.

Le toilettage

Non, ce n'est pas une plaisanterie! Votre oiseau aura besoin de toilettage. En effet, votre petit ami à plumes, tout comme les chiens et les chats, doit recevoir certains soins dits de beauté, qui sont aussi très souvent des soins de santé. C'est dire qu'à meilleure mine, meilleure santé!

Nous discuterons ici de la taille des plumes et des griffes, de la coupe du bec et de la bague, ainsi que du bain, de la douche et des soins du plumage. Certaines de ces interventions pourront être réalisées à la maison, comme l'entretien du plumage grâce au bain ou à la douche, alors que d'autres, comme la taille des griffes, seront réalisées de façon plus sécuritaire et plus adéquate par le personnel entraîné d'une boutique d'animaux fiable, par un éleveur reconnu ou par un vétérinaire compétent pour traiter les oiseaux.

La taille des plumes

Il y a d'excellentes raisons pour tailler les plumes d'un oiseau, une opération qui n'est pas cruelle en soi.

Indolore et très simple, elle doit être faite par une personne compétente qui ne taillera que les plumes adultes, car une fois coupées, les plumes ne repousseront pas. Elles vont tomber à la mue subséquente et les nouvelles plumes qui les remplaceront seront, bien sûr, entières. Normalement, un cockatiel mue une ou deux fois par année (voir p. 126-127 sur la mue).

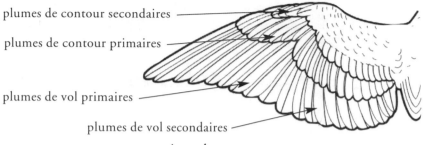

plumes de contour secondaires

plumes de contour primaires

plumes de vol primaires

plumes de vol secondaires

Avant la coupe

Pendant la coupe

Après la coupe

**Schéma représentant une façon sécuritaire
et esthétique de tailler les plumes**

Avant d'amener votre oiseau à l'extérieur, vérifiez toujours les plumes de ses ailes et assurez-vous qu'il ne peut vraiment plus voler. Trop de cockatiels se perdent ou sont victimes d'accident parce que leurs plumes taillées se sont renouvelées sans que leur propriétaire ne s'en aperçoive. Le cockatiel étant un oiseau très léger, deux ou trois plumes au bout de chaque aile lui suffisent pour voler. Une coupe qui laisse intactes les deux plus longues plumes de vol est donc totalement inadéquate pour les cockatiels.

Après avoir coupé les plumes de votre protégé, la meilleure précaution à prendre est de lui laisser le temps de comprendre qu'il ne peut plus voler. Pour ce faire, les premières fois qu'il sortira après la taille, posez sa cage à une hauteur moindre pour éviter les chutes dangereuses et les blessures. La majorité des cockatiels apprendront assez vite.

Mais pourquoi donc tailler les ailes ?

Un cockatiel peu ou pas apprivoisé n'a d'autre désir que d'échapper à ce qui l'effraie… vous, en l'occurrence. S'il peut voler, vous passerez probablement de longs moments à courir derrière lui à travers la pièce pour finalement, trop souvent, l'abandonner alors qu'il est juché sur la plus haute étagère ou sur le plafonnier, et attendre qu'il daigne réintégrer ses quartiers !

Faciliter l'apprivoisement

Si vous êtes de ces sportifs qui ne capitulent pas et qui considèrent l'apprivoisement comme une discipline olympique, sachez qu'en pourchassant votre oiseau vous réussirez probablement à l'épuiser au point qu'il ne pourra plus s'envoler mais vous risquez ainsi de nuire à sa santé et à votre future relation d'amitié. Tailler les ailes facilite donc beaucoup le dressage. Le cockatiel non apprivoisé qui ne vole plus tentera quand même de s'éloigner de vous, mais il tombera sur le sol. Il aura alors le choix entre deux perspectives désagréables pour lui :

1. rester au sol (les oiseaux détestent « être en bas ») ;

2. monter sur la perche ou sur le doigt que vous lui tendez.

La plupart choisiront la deuxième option (peut-être pas, bien sûr, au premier essai…), et vous aurez franchi un grand pas sur la longue route de l'apprivoisement.

La sécurité de l'oiseau

Malheureusement, accidents et empoisonnements sont trop fréquents chez le cockatiel « volant ». Aile cassée, patte fracturée, chute dans l'eau de vaisselle ou dans la sauce à spaghetti, brûlure sur la cuisinière, nuque brisée par collision avec un miroir ou un carreau de fenêtre ne sont que quelques exemples des nombreux accidents que peut subir votre oiseau. S'il se pose sur une plante et en avale un morceau, ou s'il grignote la peinture d'un tableau, il risque également de s'empoisonner. De plus, il peut facilement s'échapper par une porte ou une fenêtre ouvertes et ne jamais revenir.

Sauver les meubles

Certains cockatiels sont de véritables démolisseurs. Laissez-les seuls quelques minutes et, à coup sûr, ils détruiront quelque chose (de préférence, votre plante très rare ou votre tapisserie toute neuve). À moins que vous n'envisagiez de changer certains éléments de votre décoration tous les mois, une taille d'ailes est la seule solution.

En résumé, nous recommandons la taille des ailes pour :
- tous les cockatiels nerveux qui pourraient se blesser en réagissant trop brusquement ;
- les cockatiels qui vivent dans un environnement à hauts risques (cuisine, pièce chargée de bibelots ou de plantes suspendues, chambre avec un ventilateur au plafond) ;
- les cockatiels difficiles à apprivoiser ou ceux qui, une fois que leurs ailes se sont renouvelées, deviennent plus sauvages et indépendants ;
- tous les cockatiels destructeurs.

Mais nous suggérons également de bien considérer les inconvénients de la coupe d'ailes dans les cas où :

- votre oiseau souffre d'embonpoint, car le vol est un excellent exercice ;
- votre oiseau aime vraiment voler, c'est-à-dire qu'il vole souvent «pour le plaisir», sans but précis, juste pour se dégourdir ;
- votre cockatiel peut avoir besoin de voler pour échapper à des agresseurs, tels d'autres animaux (chats, chiens) ou des enfants, ou pour échapper au balai du voisin (celui qui en a marre de l'entendre «crier» lorsque votre cockatiel vocalise tout simplement).

En règle générale, à l'achat, la coupe des ailes est de rigueur pour favoriser l'apprivoisement. Ensuite, selon le tempérament de l'oiseau et les saisons (les portes ouvertes en été sont un risque réel), le propriétaire choisira de retailler ou non les ailes de son oiseau.

La taille des griffes

L'allongement des griffes est un phénomène continu, mais le rythme de cette croissance varie beaucoup d'un oiseau à l'autre. Les cockatiels en captivité auront besoin de faire tailler leurs griffes de deux à quatre fois par année. On peut procéder à la taille dès que la longueur de la griffe dépasse le quart de cercle (voir illustration p. 50).

Pourquoi tailler les griffes? Les griffes trop longues gênent l'oiseau lorsqu'il se perche et favorisent le développement d'arthrite ou de plaies sous les pattes, en plus de vous transpercer douloureusement la peau. De plus, le cockatiel peut s'empêtrer les griffes dans ses jouets, le matériel de nidification, ses perchoirs ou même les barreaux de sa cage. Un tel accident peut se compliquer d'une fracture de la patte ou d'une cassure de la griffe avec hémorragie et même entraîner le décès de l'oiseau.

Nous savons aussi que des perchoirs de différents diamètres et de textures variées tendent à accélérer l'usure naturelle des griffes, en plus d'être indispensables à la santé des pattes (voir p. 60). Si les oiseaux sauvages se passent aisément de nos soins de toilettage, c'est précisément à cause de la grande diversité de surfaces sur lesquelles ils se posent. La diversité des perchoirs que vous procurerez à votre oiseau permettra donc à ses griffes de s'user naturellement.

La taille de griffes est une opération indolore si le nerf n'est pas touché (voir illustration ci-dessous) :

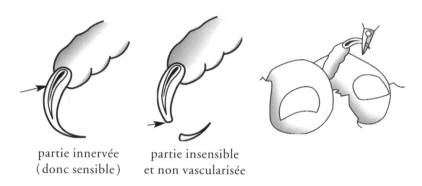

partie innervée
(donc sensible)

partie insensible
et non vascularisée

Certains cockatiels ont les griffes de couleur beige pâle qui laissent voir la veine par transparence, sous forme d'une mince ligne rouge centrale. Il est donc rare que les griffes saignent au moment de la coupe. Malheureusement, d'autres oiseaux ont les griffes noires et il est impossible alors de juger où couper sans déclencher d'hémorragie. Si vous procédez vous-même à la taille, assurez-vous d'avoir sous la main un produit coagulant pour arrêter une hémorragie éventuelle. Pour la coupe elle-même, vous pouvez utiliser un coupe-ongle ou une petite pince bien coupante. Les coupe-griffes pour chien ou chat sont trop volumineux et ne permettent pas une coupe précise.

Pendant la coupe, il importe de bien maintenir l'oiseau sans le blesser ou l'étouffer tout en exerçant un excellent contrôle sur les pattes. Vous devez bien isoler chaque doigt avant d'en couper la griffe (voir illustration ci-haut). Cette opération se pratique de préférence avec l'aide d'un assistant qui immobilise l'oiseau tandis que vous vous concentrez sur la coupe. Attention! Si l'oiseau bouge trop, vous pourriez lui couper le doigt!

Coupez la griffe quelques millimètres plus loin que la pointe de la veine. Si la veine n'est pas visible, il est alors préférable de couper une petite tranche de la griffe à la fois (environ 2 mm) jusqu'à la longueur désirée. Soyez prudent. Si, malgré vos précautions, la griffe saigne, ne paniquez pas! La section sur les hémorragies (voir p. 110) explique en détail comment bien réagir. En bref, vous devez maintenir une pression sur le doigt de l'oiseau, essuyer le sang et appliquer un agent coagulant sur le bout de la griffe. Ensuite, assurez-vous de remettre l'oiseau dans une cage très propre pour éviter la contamination.

Mieux vaudrait couper les griffes plus souvent afin d'éviter qu'elles saignent chaque fois. (En effet, la veine s'allonge avec les griffes et des coupes fréquentes diminueront sa longueur, donc les risques de saignement.) Certains vétérinaires utilisent une «polisseuse» au lieu d'un coupe-ongles. Les risques d'hémorragies sont moindres mais le procédé est plus long et plus bruyant...

CONSEILS

- N'utilisez pas de papier sablé (papier de verre) pour couvrir les perchoirs dans l'espoir de ralentir la vitesse de croissance des griffes. Ce matériel est inefficace et irritant pour le dessous de la patte.
- Désinfectez votre coupe-ongle avec de l'alcool, en particulier entre deux manipulations d'oiseaux différents.
- Si vous n'avez pas de nitrate d'argent ou autre agent coagulant à la maison, vous pouvez appliquer de la farine ou du bicarbonate de soude au bout de la griffe.
- Pour contrôler une hémorragie de la griffe, vous pouvez aussi presser celle-ci contre un pain de savon propre.

> - Assistez à une démonstration par une personne compétente, avant de procéder vous-même à la coupe de griffes.
> - Pensez à couper les griffes de vos oiseaux avant la période d'accouplement et de la ponte ; vous leur éviterez ainsi une source de stress en cette période critique.

La coupe du bec

Il est anormal d'avoir à couper le bec d'un cockatiel, sauf :
- si l'oiseau souffre d'une difformité congénitale, tel un bec croche, asymétrique ou en crochet ;
- si l'oiseau a déjà eu une fracture du bec.

Dans tous les autres cas, l'oiseau devrait être examiné par un vétérinaire lorsqu'une coupe de bec devient nécessaire. L'allongement excessif du bec peut en effet cacher une pathologie plus grave : maladie du foie, parasites externes ou internes, carence en calcium, etc.

Le bec poussant par dépôt successif de corne, il est donc normal qu'il ne soit pas « lisse et uni ». Le bec, sous la couche cornée, est une structure hautement vascularisée (qui peut donc saigner facilement). Une coupe de bec devrait toujours être faite par un vétérinaire.

Bec normal

Bec supérieur trop long ; il dépasse le bec inférieur

La coupe de la bague

Plusieurs cockatiels ont été bagués par l'éleveur alors qu'ils n'é-
taient que de jeunes oisillons. Cette bague n'a d'autre utilité que
d'aider l'éleveur à identifier ses oiseaux. Votre petit compagnon,
quant à lui, n'a nul besoin de ce bracelet de métal ou de plastique qui
peut le gêner, l'irriter et même le blesser (voir p. 115). Par conséquent,
il faut le lui retirer le plus tôt possible.

Enlever cette bague nécessite une petite pince spéciale et beaucoup de dextérité. Ne tentez pas de la couper vous-même ; vous
pourriez faire beaucoup plus de tort que de bien, le pire étant de
casser la patte. Ayez donc recours aux services d'une personne
compétente.

Souvent, la date de naissance de votre oiseau sera inscrite sur la
bague. Notez-la soigneusement ; un cockatiel peut vivre 15 à 18
ans ; votre mémoire pourrait bien défaillir ! Certaines bagues peuvent
servir d'identification si jamais vous perdiez votre oiseau à l'extérieur,
mais cet avantage ne compense pas les inconvénients.

Mais pourquoi enlever la bague ?
- Elle gêne l'oiseau et il se picote la patte.
- Elle peut être source d'accidents en restant accrochée dans un
  jouet ou un accessoire.
- En cas de foulure, de fracture ou d'infection de la patte
  amenant une enflure, la bague agira comme un garrot et
  compressera la circulation. Dans ce cas, la pression de la
  bague dans la chair peut même causer de la gangrène et la
  perte de la patte.

N'oubliez pas que l'enflure due, par exemple, à une foulure apparaît très rapidement : la bague hier assez large peut ce matin entraîner
des dommages irréversibles à la patte.

Si la bague est trop étroite:
- Appliquez des compresses d'eau froide sur la patte atteinte ou mettez la patte sous l'eau froide pour diminuer l'inflammation et l'enflure.
- Enroulez autour des perchoirs de l'oiseau une bonne couche de papier essuie-tout pour les rendre plus confortables.
- Demandez d'urgence un rendez-vous chez votre vétérinaire. Quelques heures peuvent faire la différence entre une patte simplement blessée et la nécessité d'amputer le membre atteint.
- Si vous pincez les doigts de l'oiseau et qu'il ne réagit pas, c'est que le nerf de la sensibilité a été atteint et trop souvent, l'oiseau perdra cette patte.

Note: La majorité des oiseaux peuvent très bien vivre avec une patte en moins, pourvu que les perchoirs soient adaptés: perchoirs plats et perchoirs rembourrés éviteront les lésions à la patte restante.

Le bain, la douche et les soins du plumage

Votre cockatiel aura bien meilleure mine s'il peut se baigner régulièrement. Le bain ou la douche sont, en fait, indispensables à la santé physique et mentale de votre oiseau. Dans la nature, d'ailleurs, tous les oiseaux aiment se baigner. Ils profitent d'une ondée, de la bruine du matin, de l'eau du ruisseau ou d'une simple flaque d'eau pour s'ébrouer et faire un brin de toilette.

À la maison, vous pouvez imiter un milieu naturel et stimulant en variant les sources d'eau pour la baignade. Chaque oiseau a ses préférences et vous découvrirez vite qu'il existe des cockatiels qui ne prennent que des douches et d'autres pour qui le lavabo représente la baignoire idéale.

- Offrez le bain ou la douche pendant une ou deux heures le matin, après le petit déjeuner. L'oiseau aura ainsi toute la journée pour parfaire sa toilette et il se couchera le soir bien au sec.
- Évitez les variations de température ambiante. L'oiseau mouillé y sera toujours plus sensible. Le courant d'air froid, dans une pièce chaude, peut entraîner un refroidissement fatal.
- Les produits de beauté (savon et conditionneur) que l'on ajoute à l'eau du bain ou de la douche ne sont pas conseillés. Cependant, certains produits naturels utilisés à petite dose peuvent augmenter la brillance du plumage de vos oiseaux. Avant de les utiliser, informez-vous auprès d'éleveurs ou de vétérinaires ou dans une animalerie réputée.
- Évitez à tout prix les insecticides et les produits médicamenteux. Beaucoup sont toxiques.
- N'utilisez jamais de corps gras ou d'huile sur le plumage d'un oiseau. Ne mettez pas d'huile de bain ou d'huile essentielle.
- Utilisez de l'eau à la température de la pièce, un peu plus fraîche que chaude. L'eau du robinet est adéquate.
- Rincez bien, à l'eau très chaude, le contenant du bain ou le vaporisateur de la douche après chaque utilisation. Désinfectez une fois par semaine.
- Vous pouvez donner un bain ou une douche chaque jour. C'est même l'idéal. Deux fois par semaine serait le minimum.

Il existe une multitude de modèles de baignoires, de la simple soucoupe déposée au fond de la cage au modèle de luxe avec miroir et murs anti-éclaboussures.

Pour le bain

- Choisissez un modèle facile à désinfecter et facile à installer. Les modèles que l'on accroche à la porte de la cage sont particulièrement appréciés. Le miroir est optionnel ; il amusera certains oiseaux mais en effraiera d'autres.
- Placez la baignoire en un endroit de la cage où les fientes ne risquent pas de contaminer l'eau. Installez le bain, le matin et laissez-le en place pendant une ou deux heures.

Pour la douche

- Enlevez la nourriture de la cage pour la durée de la douche.
- Vous pouvez « vaporiser » vos oiseaux quotidiennement ou en alternance avec le bain. Cette forme de pluie fine est particulièrement appréciée lors des journées de canicule.
- Utilisez un vaporisateur à plantes neuf (n'ayant jamais contenu d'herbicide, d'insecticide ou de produits de nettoyage) et réglez le jet d'eau afin d'obtenir la bruine la plus fine possible.
- Arrosez en jet indirect, vers le plafond pour que l'eau tombe en une pluie fine sur la tête et le corps de l'oiseau. En été, vous pouvez « vaporiser » votre cockatiel une fois par jour et, en hiver, deux à trois fois par semaine.
- Cessez la douche lorsque l'oiseau est couvert de gouttelette mais avant qu'il ne dégoutte.

CONSEILS

- Certains oiseaux timides, effrayés par le bain ou la douche, vont apprécier une belle feuille de verdure mouillée sous laquelle ils iront batifoler. Utilisez par exemple une feuille de laitue ou des feuilles de céleri trempées dans l'eau fraîche et suspendues à la cage par une pince à linge.

- Évitez le bain ou la douche si votre oiseau file un mauvais coton et en particulier s'il gonfle son plumage (s'il se tient en «boule»); il faut alors consulter un vétérinaire.
- Pas de bain non plus pour les oiseaux qui reçoivent un médicament prescrit dans l'eau de boisson. La plupart des médicaments ont mauvais goût et les oiseaux iront s'abreuver dans l'eau du bain, ignorant l'eau médicamenteuse.

La cage et les accessoires

La cage

Le terme « cage » est malheureusement souvent utilisé dans un sens péjoratif : mettre un fauve en cage, une cage dorée, etc. Pour votre cockatiel, la cage ne devrait cependant pas être considérée comme une prison mais plutôt comme son foyer. Il y trouve un parc d'amusement (ses jouets), une salle à manger (ses augets à nourriture), les toilettes (le fond de sa cage). C'est un endroit où il peut se détendre en toute sécurité, y entretenir son plumage et observer la vie de la maison ; c'est aussi une chambre à coucher (couvrez la cage pendant la nuit et il sera bien tranquille).

Une cage est donc essentielle au bien-être de votre cockatiel. Choisissez-la aussi vaste que possible compte tenu de l'espace dont vous disposez. L'oiseau devrait *au moins* pouvoir ouvrir grandes ses deux ailes, sans toucher aux montants de la cage. Le cockatiel adore grimper et se pendre au plafond de sa cage. La cage devrait donc idéalement être constituée de barreaux horizontaux (ou d'un quadrillage de dimension suffisante pour que la patte de l'oiseau puisse s'y agripper sans danger) et d'un plafond plat formé également par des barreaux. Vous pouvez ainsi y suspendre de nombreux jouets et une balançoire.

- Surveillez les petites annonces, les marchés aux puces et les ventes aux enchères. Vous pouvez parfois y trouver des cages d'excellente qualité, à bas prix.
- Désinfectez toute nouvelle cage, peu importe d'où elle provient.
- Une cage abîmée ou rouillée peut être repeinte sans danger avec une peinture plastique non toxique. N'utilisez pas de peinture contenant du plomb : c'est un poison violent pour votre oiseau.
- Les cages pour perruches sont le plus souvent à déconseiller : la porte est trop petite, les barreaux trop rapprochés et leurs dimensions inadéquates.
- Si vous désirez que vos cockatiels se reproduisent, achetez une cage avec deux portes, une pour que les oiseaux sortent et une pour y accrocher un nid (voir p. 82).

Les perchoirs de cage

Un cockatiel passe presque toute sa journée sur ses perchoirs. Ils doivent donc être bien adaptés à l'anatomie de l'oiseau, sinon de nombreux problèmes peuvent survenir, notamment des lésions aux pattes.

Nous recommandons des bâtons de formes et de diamètres variés, car le point de pression maximum est ainsi déplacé et le risque d'ulcération aux pattes diminue.

Pression maximum   Pression maximum

Schéma représentant la variation des points de pression selon la forme du perchoir. Les flèches représentent les endroits où la pression est maximale.

Les perchoirs en bois sont préférables aux perchoirs en plastique. Ils sont plus solides et moins glissants. Les bois durs, tels l'érable et le merisier, font d'excellents perchoirs indestructibles. Vous pouvez aussi poser quelques perchoirs en bois mou, comme le pin, qui deviendront alors des jouets pour l'oiseau et favoriseront l'usure normale de son bec car il aime les gruger.

CONSEILS

- Vous pouvez acheter à la boutique d'animaux des perchoirs spécialement conçus pour votre oiseau ou encore, à la quincaillerie, des goujons ou des planchettes de bois (non traité) et les adapter à votre cage (cela est moins coûteux).
- Des branches d'arbre bien désinfectées (lavées puis chauffées au four à 80°C [175°F] pendant 15 minutes) font d'excellents perchoirs temporaires (l'oiseau les grugera avec plaisir). Vous pouvez utiliser des branches d'érable et celles des arbres fruitiers (excepté le cerisier). Évitez les conifères. Le manzenita (aussi appelé busserole), un bois indestructible provenant de la Californie, est idéal. Ses branches décoratives sont de formes et de diamètres variés.
- Les perchoirs en plastique, en forme de branches d'arbre, sont attrayants et faciles à nettoyer mais n'ont pas la qualité et la texture d'un perchoir de bois. Ce peut être un bon compromis si vous ne trouvez pas de branches naturelles pouvant s'adapter à votre cage.
- Les perchoirs conçus pour les perruches et les serins sont trop petits pour votre oiseau ; il ne s'y sentira pas longtemps à l'aise mais vous pouvez en poser un ou deux pour lui offrir plus de variété.
- N'utilisez pas de papier de verre (papier sablé ou papier gravier) sur les perchoirs ; il est irritant et inefficace.

La couverture de la cage

Votre cockatiel aura bien meilleure mine s'il peut profiter de 10 heures de sommeil paisible par nuit. Sa période de repos est facilement perturbée : même le reflet de phares d'automobile et la télévision en marche peuvent le distraire. Vous avez donc avantage à couvrir la cage pendant la nuit, surtout si vous êtes un couche-tard. La couverture évitera aussi à l'oiseau de prendre froid en lui permettant de conserver sa chaleur si pendant la nuit la température de la pièce baisse de quelques degrés. Certains cockatiels feront des cauchemars s'ils sont plongés dans le noir complet. Vous remarquerez que l'oiseau s'éveille la nuit en criant et en se frappant partout dans sa cage. Vous pouvez alors installer une petite veilleuse près de la cage.

CONSEILS

- Utilisez une couverture opaque, pas trop chaude, en fibres naturelles (le coton est idéal), qui recouvre toute la surface de la cage.
- Lavez régulièrement la couverture (au moins une fois par mois) avec un savon doux, non parfumé.
- Ne vous découragez pas si votre oiseau gruge sa couverture. Essayez de le coucher plus tard ou de laisser une petite ouverture à l'avant. Il s'ennuie peut-être…
- Si votre oiseau refuse la couverture (il crie, s'excite, se lance au fond de la cage, etc.), placez-le pour la nuit dans une pièce isolée et sombre, aux fenêtres recouvertes.

Les jouets

Jouer est un plaisir essentiel à la bonne santé de votre ami à plumes. Les cockatiels ont tous leur dada et, comme certaines personnes préfèrent jouer aux échecs et d'autres aux cartes, chaque cockatiel a son jouet préféré.

Deux critères peuvent vous aider dans le choix d'un jouet pour votre cockatiel : *sécurité* et *solidité.*

On trouve dans les boutiques d'animaux des jouets conçus spécialement pour les oiseaux. Choisissez un jouet adapté à la taille et à la force du bec de votre cockatiel. Un jouet pour perruche en plastique fragile pourra être détruit par votre cockatiel et même l'empoisonner. En effet, le balancier de certains jouets pour perruche est constitué d'une boule de plomb recouverte de plastique. La perruche ne peut, bien sûr, briser le plastique, mais votre cockatiel le peut et le plomb est un poison ! Même parmi les jouets « pour cockatiels », on trouve différentes qualités. Choisissez un jouet produit par un manufacturier reconnu. Il y a malheureusement des fabricants qui, pour rendre leurs jouets plus attrayants, les recouvrent d'une peinture de plomb ou d'une feuille métallique : l'une et l'autre sont dangereuses pour la santé de votre oiseau.

CONSEILS

- Les jouets pour enfants sont pour la plupart non toxiques, et de ce fait, pourvu qu'ils soient assez solides pour résister à un bec de cockatiel, peuvent être utilisés sans danger.
- Il existe sur le marché de véritables plates-formes de jeux constituées d'échelles, de balançoires, de perchoirs variés et de différents jouets montés sur une base de bois. La plupart des cockatiels apprécieront beaucoup ce cadeau.

- Utilisez votre imagination : bouchons de liège enfilés sur une ficelle, porte-clés, colliers de coquillages ou de perles de plastique, rubans et boutons, etc. Tous peuvent être transformés en jouets peu coûteux et efficaces, si les critères « sécurité et solidité » sont respectés.
- Les colorants alimentaires sont non toxiques et peuvent rendre plus attrayants des jouets en bois non peint.
- Attention aux matériaux toxiques : plomb, cuivre, aluminium, vernis et peinture au plomb, encre, plâtre, colle, etc. En cas de doute, informez-vous.
- La majorité des cockatiels n'apprécient pas beaucoup les miroirs. Ils y voient un ennemi et cela peut les rendre agressifs. Si votre oiseau les aime, faites attention qu'il ne tombe « amoureux » de sa propre image et ne vous délaisse alors…
- Le cockatiel adore aussi jouer avec vous (ou se jouer de vous !); il grignotera vos bijoux (colliers et boucles d'oreilles), déchiquettera les pages de votre livre ou de votre journal, s'amusera avec vos crayons ou votre menue monnaie. Quel joueur de mauvais tours !
- Certains cockatiels « timides » seront effrayés par toute nouveauté. Choisissez-leur des jouets de bois délicat, non teints, sans cloche et… soyez patient !

L'hygiène de la cage

Le fond de la cage

Nous recommandons de changer le fond de la cage de votre cockatiel *tous les jours*. Cette habitude permettra de détecter rapidement tout changement dans la consistance des fientes, de déceler la présence de sang ou de vomissures, de constater une perte anormale de plumes ou une diminution d'appétit (moins de graines ouvertes au fond). Le moyen le plus pratique est de recouvrir le fond de la cage

En haut : cockatiel bigarré
Cockatiel gris (mâle)

Cockatiel gris (mâle)

Cockatiel gris

d'une couche de papier (journal, essuie-tout, papier brun ou ciré) que vous remplacerez tous les jours.

- Évitez les copeaux de bois, la litière pour chats ou le sable comme fond de cage. Ils coûtent trop cher pour qu'on se permette de les changer assez souvent et ils dégagent des poussières irritantes pour le système respiratoire de l'oiseau, ce qui le rend plus vulnérable aux infections.
- Même si l'encre servant à imprimer le papier journal contient du plomb, la quantité contenue dans une feuille est si minime qu'elle ne peut causer de tort à l'oiseau. Cependant, l'encre peut tacher les plumes des cockatiels de couleur pâle. En ce cas, évitez ce genre de papier.
- Certains cockatiels éprouvent un malin plaisir à déchiqueter le papier recouvrant le fond de cage. Ce peut être par désœuvrement (déplacez la cage ou offrez-lui de nouveaux jouets) ou tout simplement parce que ce jeu les amuse. Les femelles, en période de reproduction, grignotent le papier déposé au fond de leur cage parce qu'elles cherchent à construire un nid. C'est normal!
- Le papier de verre (papier sablé ou papier gravier) n'est d'aucune utilité: il coûte cher et peut bloquer le système digestif de l'oiseau qui en ingère. Découpez plutôt d'avance des feuilles de papier brun ou ciré et remplacez-les tous les jours. Une feuille d'essuie-tout peut aussi être utilisée.

Les augets

Les augets devraient être particulièrement bien nettoyés. Des bactéries et des moisissures peuvent facilement s'y développer et contaminer votre oiseau lorsqu'il se nourrit. Changez l'eau tous les jours et rincez le gobelet en le frottant pour éliminer les dépôts. Les graines devraient aussi être changées quotidiennement. Si vous devez en jeter beaucoup, diminuez la ration quotidienne. N'oubliez pas que le cockatiel ne mange que l'intérieur des graines et que l'accumulation dans l'auget d'écailles vides peut vous faire croire à tort qu'il a encore suffisamment de nourriture.

Les perchoirs

Les perchoirs devraient être récurés et lavés à l'eau bouillante dès qu'ils sont souillés. Les pattes de l'oiseau sont fragiles et la moindre blessure permettra l'entrée des bactéries présentes sur des perchoirs sales. De plus, n'utilisez pas de papier sablé pour recouvrir les bâtons car il est très irritant pour le dessous des pattes et n'a que peu d'effet réel sur la longueur des griffes. Si votre oiseau utilise la papier sablé pour s'aiguiser le bec, vous pouvez en couvrir un demi-perchoir, c'est suffisant.

La cage elle-même

L'idéal serait de laver et de désinfecter la cage toutes les deux semaines. La cage, les perchoirs, les jouets et les augets devraient tremper au moins 15 minutes dans une solution désinfectante comme de l'eau de Javel diluée (1 partie d'eau de Javel dans 30 parties d'eau chaude) ou de la chlorexidine (Hibitane). Pour ce faire, utilisez la baignoire ou un grand lavabo.

Les perchoirs et les jouets de bois devraient de préférence être désinfectés à la chaleur (au four à 80 °C [175 °F] pendant 15 minutes).

L'environnement

L'emplacement de la cage

En règle générale, la cage de votre cockatiel devrait être située dans la pièce la plus vivante de la maison, c'est-à-dire là où vous passez la majeure partie de votre temps, de sorte qu'il ne se sente pas isolé et qu'il puisse recevoir de l'attention.

La *cuisine* est souvent la pièce choisie. Cela permet à l'oiseau de participer aux repas (lui faire partager votre repas vous permet de varier son alimentation) et de rencontrer toute la maisonnée. La cuisine présente cependant certains dangers. Le gras de cuisson qui s'évapore dans l'air se dépose sur son plumage et lui fait perdre ses propriétés isolantes; votre cockatiel sera donc plus sensible au froid. Cuisinez moins gras ou... éloignez-le des casseroles! Lorsque des poêles à revêtement de téflon sont oubliées sur le feu, elles surchauffent et dégagent des vapeurs extrêmement nocives qui peuvent tuer un cockatiel en quelques minutes. Attention!

Ne laissez pas votre cockatiel voler librement dans la cuisine à moins de vouloir éventuellement manger du cockatiel frit ou bouilli!

Le *salon* (ou la salle de séjour) est une autre pièce où vous pourriez installer votre cockatiel surtout si c'est la pièce où vous lisez et regardez la télévision et que vous y passez beaucoup de temps. N'oubliez pas cependant que votre oiseau a besoin d'au moins 10 heures de sommeil par nuit et que le cinéma de minuit ne l'intéresse probablement pas. Couvrez la cage ou changez l'oiseau de pièce si vous voulez vous coucher tard.

Les *autres endroits* sont, dans la majorité des cas, moins appropriés : la chambre à coucher est beaucoup trop isolée ; le corridor ou l'entrée sont souvent balayés par des courants d'air froid et la salle de bains, beaucoup trop humide.

Plusieurs personnes ont un cockatiel dans leur lieu de travail (salle d'attente ou bureau de réceptionniste). Si vous ne travaillez que de 9 à 17 heures, achetez deux oiseaux pour qu'ils se tiennent compagnie, car un cockatiel seul sera bien malheureux.

Certains cockatiels peuvent passer des heures sur l'épaule de leur maître ; dans ce cas, pour vous éviter des frais de nettoyage répétés, habituez-le à se poser sur un petit linge à vaisselle déplié sur votre épaule.

Attention aux cadres de porte car les cockatiels adorent s'y percher. Trop souvent, ils peuvent se retrouver coincés par une porte que l'on ferme par mégarde et risquent de subir des fractures très graves.

La température

Un cockatiel en santé peut supporter des variations de température graduelles de plusieurs degrés. Les changements brusques sont à éviter absolument. Un courant d'air chaud dans une pièce chaude ne cause aucun mal ; le danger vient plutôt d'un courant d'air d'une température différente de celle à laquelle l'oiseau est habitué.

Si la température de votre maison baisse de quelques degrés pendant la nuit, une couverture placée sur la cage de votre cockatiel l'aidera à conserver sa chaleur.

La température idéale se situe entre 20 ° et 25 °C. Pour un oiseau malade, en mue ou stressé, elle ne devrait pas descendre en bas de 25 °C et pourrait aller jusqu'à 30 °C. Un oiseau installé à proximité des fenêtres ou des baies vitrées, d'où peuvent s'échapper des courants d'air frais, court de réels dangers. Évitez aussi l'air conditionné; si ce n'est pas possible, faites en sorte que la cage ne reçoive pas directement le jet du climatiseur.

Un chauffage excessif peut être tout aussi dommageable, surtout pour le plumage. Évitez aussi les courants d'air trop chauds et, surtout, ne placez jamais votre cockatiel sous le jet d'air provenant d'un appareil de chauffage.

Par une chaude journée printanière ou estivale, un soleil de plomb pourrait valoir à votre cockatiel une insolation fatale. Prévoyez donc toujours un petit coin à l'ombre pour lui.

L'éclairage

Le cockatiel ayant besoin de 10 à 12 heures de sommeil par nuit, il peut passer le reste de sa journée en pleine lumière. L'éclairage artificiel, ampoule ou néon, suffit, mais le soleil est sans égal. Le cockatiel aimera la proximité d'une fenêtre, cependant évitez de l'installer en plein soleil.

Les éclairages au néon mimant les UV du soleil connaissent depuis quelques années un essor considérable. Par exemple, les lampes Vitalight, Sun-Glow et d'autres offrent le spectre de la lumière naturelle et seraient bénéfiques pour la santé de vos oiseaux (et la vôtre, semble-t-il!). Nous les recommandons chaudement.

Offrez toujours à l'oiseau le choix entre l'ombre et le soleil en couvrant, par exemple, la moitié de sa cage avec une couverture ou en fermant partiellement le rideau ou le store. N'oubliez pas que la température d'un objet (ou d'un animal) soumis aux rayons ardents du soleil augmente de façon parfois très notable!

Dans un autre ordre d'idées, notez qu'il en est du cockatiel comme de l'être humain. De la même manière qu'on ne bronze pas derrière une vitre — parce que les fenêtres en verre filtrent les rayons ultraviolets —, le cockatiel gardé à l'intérieur n'aura pas un plumage aussi brillant que celui exposé aux rayons solaires. Des suppléments vitaminiques contenant notamment de la vitamine D_3 peuvent pallier le manque de rayons solaires et ce, surtout si vous vivez dans une région aux hivers rigoureux. Certains oiseaux nerveux ou émotifs ne pourront dormir dans l'obscurité complète sans faire de « cauchemars ». Si votre cockatiel se réveille la nuit, crie et tombe en bas des perchoirs, une veilleuse est à conseiller. Essayez de maintenir une photopériode adaptée à la saison en augmentant les heures de lumière en été et en les diminuant en hiver. La mue en sera facilitée.

La sortie à l'extérieur de la cage

Tous les cockatiels devraient avoir l'occasion de sortir de leur cage au moins une heure tous les jours. Comme nous l'avons dit précédemment, la cage n'est pas une prison et l'oiseau y sera heureux à condition de ne pas y être confiné tout le temps.

La plupart des cockatiels, surtout ceux qui sont bien apprivoisés, attendent avec plaisir l'heure de la sortie et souvent la réclament en criant vigoureusement. N'oubliez pas que le cockatiel est un oiseau très sociable et qu'il recherche votre présence. Ne l'en privez pas.

Cependant, certains oiseaux refusent de sortir de leur cage de plein gré, même si la porte reste ouverte toute la journée. D'autres sortiront et resteront sagement sur la cage. Certains n'auront d'autre plaisir que de voler ou de marcher jusqu'au plus proche objet qu'ils peuvent gruger…

Certaines règles de base s'appliquent cependant.

- Ne laissez jamais la porte de la cage ouverte lorsque vous n'êtes pas là pour surveiller l'oiseau : même le plus timide des cockatiels pourra sortir un jour et ce sera peut-être pour aller grignoter une plante toxique ou se blesser dans une fenêtre.
- Éloignez toutes les sources d'accident ou d'empoisonnement accessibles à votre oiseau. Prenez spécialement garde aux plantes, aux ventilateurs de plafond, aux fils électriques, aux objets

peints ainsi qu'aux miroirs et aux vitres des fenêtres. (Certes, vous ne pouvez pas déplacer les fenêtres, mais fermez au moins les rideaux!)

- Méfiez-vous des autres animaux : chats, chiens, furets, qui peuvent profiter de la sortie de votre cockatiel pour varier leur menu...

Si votre compagnon refuse de revenir dans sa cage, lorsque l'heure de sortie est terminée, et qu'il vous oblige à partir à la «chasse au cockatiel», une coupe des plumes serait à envisager.

La sortie à l'extérieur de la maison

Il peut être agréable pour vous et pour l'oiseau de partager des activités extérieures : marches, promenades en automobile, délassement au jardin...

Les sorties à l'extérieur sans cage doivent cependant être réservées à l'oiseau calme, très apprivoisé et ayant les ailes taillées convenablement. Les risques d'accidents sont énormes et chaque sortie devrait être bien planifiée. Vérifiez chaque fois si de nouvelles plumes n'auraient pas repoussé depuis la dernière sortie. Deux ou trois plumes au bout de chaque aile suffisent à un décollage et, même si l'oiseau ne va pas très loin, il pourrait atterrir sous une automobile. Attendez une température clémente, sans courants d'air (vous devriez être à l'aise en tenue estivale) et n'exposez pas votre oiseau au soleil pendant de longues périodes sans protection. Attention aux autres animaux, aux véhicules à moteur et aux bruits inhabituels qui pourraient effrayer votre cockatiel.

N'oubliez pas que les oiseaux sauvages sont porteurs de maladies et de parasites et qu'ils peuvent infecter votre cockatiel ; évitez-lui les contacts avec eux et éloignez-le d'un environnement contaminé (arbres, mangeoires, etc.). Vous pouvez aussi plus simplement sortir la cage et l'oiseau à l'extérieur, mais attention au soleil ardent et aux courants d'air.

La vie sociale

Votre cockatiel est-il intelligent ?

L'intelligence est une faculté extrêmement difficile à définir, en particulier chez les animaux. Nous pouvons difficilement évaluer leurs connaissances ou leur aptitude à apprendre, et encore moins mesurer leur quotient intellectuel (lequel, à notre avis, n'a pas grand-chose à voir avec l'intelligence réelle).

Le cockatiel peut parler. Sait-il ce qu'il dit ? Pouvons-nous réellement communiquer avec lui par la parole ? La réponse n'est pas facile. Oui... et non ! Oui, certains cockatiels associent les mots qu'ils prononcent avec une action et un désir. Si, par exemple, vous lui répétez, chaque soir, avant de le coucher : « Coco, dodo », après quelques mois, il retiendra ces mots et pourra les prononcer le soir lorsqu'il est fatigué.

Mais nous devons avouer qu'en général... non, le cockatiel ne sait pas ce qu'il dit. Il parle surtout par plaisir, pour s'amuser, pour provoquer des réactions et attirer l'attention. D'ailleurs, la plupart des cockatiels préfèrent siffler plutôt que parler. Qu'il soit ou non un parleur, nous pensons néanmoins que votre cockatiel est un animal intelligent. Il reconnaît sans contredit les gens, il sait qui il aime et qui il n'aime pas. Il apprend à reconnaître l'heure du bain, de la sortie, du souper. Il aime jouer et être présent à la vie de la maison.

Le cockatiel est aussi un animal qui a la mémoire longue ; vous devriez prendre garde de lui donner une impression négative. Ne le frappez jamais et ne lui laissez pas sentir que vous avez peur de lui (si, par exemple, son bec vous effraie).

Un cockatiel peut aussi apprendre de nouveaux comportements ou de nouveaux tours assez facilement pourvu qu'il reçoive la récompense appropriée. Ne mésestimez pas l'intelligence de votre cockatiel... même s'il a une « cervelle d'oiseau »...

La vie à l'état sauvage et la vie en captivité

Pour mieux comprendre les comportements de votre oiseau, il importe de savoir comment il vit dans la nature.

La vie en groupe

Le cockatiel, dans son environnement naturel, l'Australie, vit en groupe de plusieurs dizaines d'individus. Il s'y forme une hiérarchie plutôt souple. Contrairement aux groupements de singes ou de loups, la place hiérarchique de chaque individu varie souvent. Les plus forts et les plus agressifs des individus seront toujours les premiers à se nourrir et bénéficieront des meilleurs perchoirs. Cependant, la moindre défaillance de leur part les fera descendre dans la hiérarchie. Il n'existe pas de privilège de naissance et chaque oiseau doit faire ses preuves. Ainsi, malheureusement, les plus faibles, les malades et les handicapés seront repoussés par le groupe et souvent même tués par leurs congénères, qui désirent ainsi éviter les prédateurs. C'est pourquoi votre cockatiel, par instinct, tentera à tout prix de cacher ses symptômes de maladie. Il a peur d'être rejeté. Vous devez toujours isoler un oiseau malade. Premièrement, il peut être contagieux, et il vaut mieux avoir un seul cockatiel malade que plusieurs ; deuxièmement, le cockatiel malade peut souffrir de brimades de la part des autres. Parfois, on voit des couples d'oiseaux très unis où le compagnon assiste son ami malade, le protège et le soutient. Si c'est le cas pour vos oiseaux, assurez-vous que le malade n'est pas contagieux et laissez-les s'entraider.

Un cockatiel très apprivoisé, vous considérant comme son compagnon de vie, pourra aussi demander votre aide. Soyez attentif si votre oiseau recherche votre présence et la chaleur de votre contact avec une insistance inhabituelle : il est peut-être malade.

La vie en couple

Dans la nature, il se forme aussi des couples très fidèles à l'intérieur du groupe. Le mâle défend sa femelle et son territoire contre les intrus. Il lui fait une cour assidue en chantant, en dansant et même en lui offrant des cadeaux : plumes, brindilles, nourriture de choix, etc. Les deux amoureux se nettoient mutuellement les plumes. Votre cockatiel, s'il vit seul avec des humains, peut transférer son affection sexuelle sur vous ou sur un membre de votre famille. Il pourra alors démontrer les mêmes comportements que le cockatiel amoureux dans la nature. Ces comportements peuvent être embarrassants mais demeurent naturels. Il y a même des cockatiels qui considèrent toutes les personnes approchant leur maître comme des ennemis potentiels. Ils peuvent alors crier, cracher, essayer d'attaquer l'intrus et même mordiller leur propre maître pour attirer son attention, si ce dernier fait mine de trop s'intéresser à d'autres. Ces cockatiels sont tout simplement « jaloux ». Ce sentiment irraisonné amène un comportement difficile à contrôler. Un cockatiel jaloux et possessif peut être une véritable plaie si vous vivez en couple. « C'est le cockatiel ou moi… » vous dira peut-être votre partenaire si vous laissez votre oiseau devenir « amoureux » de vous !

Le cockatiel et le train-train quotidien

Dans son milieu naturel, le cockatiel préfère, lorsque cela lui est possible, séjourner pendant un certain temps au même endroit. Il choisit un arbre creux pour y faire son nid, connaît les points d'eau et les bonnes sources de nourriture et sait où sont les dangers. En captivité, il aime une vie calme et bien réglée. Bref, il est un peu pantouflard.

Le cockatiel déteste qu'on bouscule ses habitudes, qu'on change sa cage de place trop souvent, qu'on varie trop brusquement son menu. Il aime être nourri, baigné, sorti de sa cage et «mis au lit» selon un horaire régulier. Des changements trop fréquents ou trop brusques peuvent le stresser, le rendre agressif et plus sensible aux infections.

Durant une journée normale de vie à l'état sauvage, le cockatiel a des activités variées. Il se réveille à l'aube et vocalise pour marquer sa bonne humeur et communiquer avec son groupe, puis il part à la recherche de sa pitance. Il vole d'arbre en arbre, grignotant les graines, savourant les feuilles, les fruits et les insectes. Ensuite, il visite ses congénères, joue, prend son bain, se querelle parfois et revient à son nid. L'après-midi, le cockatiel se repose, fait sa toilette, gruge l'écorce des branches et grignote légèrement. Enfin, en début de soirée, il prend un deuxième repas, vocalise et joue un peu puis s'installe pour la nuit, bien à l'abri sur une haute branche.

Dans votre foyer, vous pouvez essayer de recréer l'environnement naturel en respectant les périodes d'activités décrites précédemment. Le matin, laissez l'oiseau sortir de sa cage et se promener dans la maison (sous surveillance!). Puis, nettoyez sa cage et présentez-lui un bon repas composé non seulement d'eau fraîche et de graines, mais aussi d'une assiettée de fruits, de légumes et d'aliments de table (voir p. 31, «L'alimentation»). Ne lui offrez pas ses aliments «tout cuits dans le bec». Il est parfaitement capable de couper lui-même une feuille d'épinard ou de grignoter un quartier de pomme! L'oiseau s'amuse beaucoup avec sa nourriture et semble en gaspiller plus qu'il n'en mange. Ne vous découragez pas... il est occupé à une saine activité au lieu d'être porté à faire des mauvais coups ou à s'automutiler par ennui. À la fin de la matinée, vous pouvez lui donner son bain, puis le laisser se reposer et vaquer à des activités plus calmes comme soigner son plumage, faire la sieste, gruger son os de seiche ou ses jouets, observer la maisonnée à partir de sa cage ou juché sur votre épaule. Le soir, partagez votre repas avec lui, laissez-le faire une sortie à l'extérieur de sa cage, il aimera peut-être écouter un peu la télévision, de la musique, ou simplement demeurer sur votre épaule durant quelques heures. Puis, c'est l'heure de dormir. Couvrez la cage et assurez-vous que l'oiseau ne sera pas dérangé afin qu'il bénéficie de 8 à 10 heures de sommeil.

Observez votre oiseau et inquiétez-vous de tout changement dans ses habitudes : il cache peut-être alors un problème.

Les relations avec d'autres animaux

Ne faites jamais pleinement confiance à un chat. Même s'il vit en harmonie avec votre cockatiel depuis des années, il est comme une «bombe à retardement». Il porte des bactéries dangereuses pour le cockatiel (voir le chapitre sur les maladies) et un petit coup de griffes pourrait tuer l'oiseau. Par contre, certains chiens peuvent avoir une réelle amitié pour un cockatiel et vice-versa. Usez quand même de prudence, quoiqu'en général le chien aura un comportement beaucoup plus digne de confiance que le chat. Les chiens de chasse ou les petits chiens possessifs considéreront le cockatiel comme une proie ou un ennemi : ne les laissez jamais seul avec l'oiseau.

Le cockatiel est, en général, indifférent ou effrayé par la présence de rongeurs (lapins, cochons d'Inde, rats domestiques, etc.). Il pourrait ainsi, par mégarde, se poser sur leur cage et se faire mordre les pattes. La prudence s'impose !

Méfiez-vous des furets. Ils se révèlent à coup sûr les plus dangereux pour votre cockatiel. Leur petit corps mince leur permet de se glisser entre les barreaux de certaines cages et ils peuvent attaquer le cockatiel à une vitesse fulgurante.

Les relations avec d'autres oiseaux

Les réactions des cockatiels face à d'autres compagnons à plumes varient beaucoup. En général, ils sont effrayés par les plus gros oiseaux (perroquets, grandes perruches, tourterelles, pigeons, etc.), qui peuvent d'ailleurs les blesser.

Par contre, la plupart des cockatiels s'entendent généralement très bien avec les plus petits oiseaux : perruches, inséparables et même pinsons. Rarement agressif, le cockatiel sera même dominé par les plus petits oiseaux. Soyez prudent si vous voulez faire cohabiter votre cockatiel avec des inséparables car ces derniers sont agressifs et peuvent le blesser.

Le meilleur compagnon pour votre cockatiel demeure néanmoins un autre cockatiel, de sexe opposé. Malheureusement, l'entente n'est pas garantie et même si deux oiseaux non compatibles n'iront pas jusqu'à se battre à mort, ils peuvent ne jamais s'aimer. Les préférences individuelles existent aussi chez les oiseaux !

CONSEILS POUR COMPRENDRE QUELQUES COMPORTEMENTS DE VOTRE COCKATIEL

- Le cockatiel effrayé aura un comportement défensif destiné à vous faire peur : il va hérisser les plumes de sa crête et siffler comme un chat en colère. Ne vous laissez pas intimider sinon vous ne pourrez jamais l'apprivoiser.
- Un cockatiel très peureux pourra avoir des tremblements lorsqu'il est soumis à un stress. Ne le confondez pas avec un oiseau malade tremblant de fièvre.
- Si votre cockatiel penche la tête à l'approche de votre doigt c'est pour vous inviter à lui caresser le cou. Faites-lui plaisir !
- Le cockatiel s'aide parfois de son bec pour grimper sur un doigt ou une épaule. N'ayez donc pas toujours peur qu'il vous morde !

La reproduction

La reproduction des cockatiels constitue une entreprise parfois difficile mais très gratifiante. Si vous possédez un couple d'oiseaux qui s'entendent bien et jouissent d'une bonne santé, pourquoi ne pas tenter l'aventure?

Ce chapitre sur la reproduction se veut simplement un guide. Si vous voulez réellement vous diriger vers l'élevage de cockatiels sur une base commerciale, vous auriez avantage à consulter des éleveurs et des vétérinaires, à vous abonner à des publications sur les oiseaux et à devenir membre d'une association d'éleveurs.

Physiologie de la reproduction

Il est important de savoir comment les oiseaux se reproduisent (cela diffère beaucoup des mammifères) pour mieux les comprendre et distinguer entre la normalité et les cas problèmes.

Les schémas du système reproducteur mâle et femelle qui suivent vous aideront à comprendre nos explications.

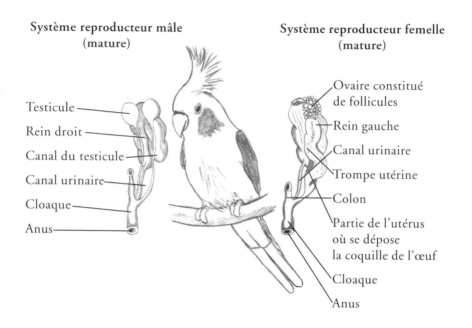

Système reproducteur mâle
(mature)

Testicule

Rein droit

Canal du testicule

Canal urinaire

Cloaque

Anus

Système reproducteur femelle
(mature)

Ovaire constitué
de follicules

Rein gauche

Canal urinaire

Trompe utérine

Colon

Partie de l'utérus
où se dépose
la coquille de l'œuf

Cloaque

Anus

Tous les organes reproducteurs des oiseaux sont internes sauf chez certains gros oiseaux de la famille des canards dont le mâle a un pénis. Votre cockatiel mâle n'a donc pas de pénis et l'accouplement se réalise lorsque deux oiseaux accolent leur cloaque. Le cloaque est l'endroit où aboutissent les systèmes digestif, urinaire et reproducteur. Le mâle a deux testicules situés dans l'abdomen et la femelle n'a qu'un seul ovaire fonctionnel, presque toujours le gauche. L'ovaire ressemble à une grappe de raisins dont les fruits seraient de grosseurs différentes. En fait il s'agit de jaunes d'œufs à différents stades de développement. Le jaune d'œuf est en réalité un ovule. La femelle n'ovule pas selon un cycle fixe comme chez l'humain, mais plutôt selon des facteurs multiples : la photopériode, la température, la nutrition, la présence d'un mâle, quoique cette dernière ne soit pas indispensable, etc.

Le jaune d'œuf descend le long de la corne utérine où vont se déposer les différentes membranes, le blanc d'œuf et enfin la coquille.

Il s'écoule environ 26 heures entre l'ovulation — le moment où le jaune d'œuf arrivé à maturité se détache de l'ovaire — et l'expulsion de l'œuf. Ensuite seulement commencent la couvaison et le développement de l'embryon. La femelle cockatiel pourra donc avoir l'abdomen très distendu par un œuf pendant au plus 26 heures. Si cet état persiste pendant une plus longue période, il faut le considérer comme anormal et consulter un vétérinaire le plus rapidement possible. Il s'agit peut-être d'un œuf retenu (voir p. 135-136), mais une masse cancéreuse, une hernie ou une accumulation de liquide peuvent également être en cause.

Si la femelle a été accouplée avant l'ovulation, le sperme du mâle ira féconder l'ovule dans l'utérus avant qu'il ne soit recouvert d'une coquille; la fécondation est donc interne. Si la femelle n'est pas fécondée, elle peut quand même pondre un œuf, infertile, qui ne produira pas d'oisillon.

Mon cockatiel est-il un mâle ou une femelle?

Bien sûr, une des questions de base que tout éleveur potentiel doit se poser est: «De quel sexe sont mes cockatiels?» L'homosexualité est fréquente chez les animaux et le fait que deux cockatiels s'aiment tendrement ne signifie pas qu'ils soient de sexe opposé. Une femelle cockatiel peut pondre même si elle est seule dans sa cage ou en présence d'une autre femelle, mais son œuf ne sera pas fertile. Comment donc savoir si vous avez un «vrai» couple?

- Vos oiseaux ont pondu et l'œuf est fertile. Pas de doute, vous possédez un mâle et une femelle. Vous avez beaucoup de chance!
- Vous vous fiez aux différences extérieures de plumage entre les sexes. C'est la méthode la plus simple, mais on ne peut l'utiliser

que pour des oiseaux âgés de plus de six mois (voir p. 13). Il existe des variétés où mâle et femelle présentent des différences extrêmement subtiles, voire inexistantes. Dans ce cas, vous pourrez mettre plusieurs oiseaux dans une volière et laisser les couples se former. Lorsqu'ils ont le choix, la majorité des oiseaux préfèrent un compagnon du sexe opposé.

On peut aussi déterminer le sexe des cockatiels à l'aide d'un endoscope (appareil muni de fibres optiques grossissantes) que le vétérinaire insère dans le flanc de l'oiseau pour voir les organes sexuels. Nous ne croyons pas qu'il soit nécessaire d'utiliser cette technique, sauf dans les cas exceptionnels. Le sexage par prise de sang est aussi disponible.

Les cockatiels sont quelquefois capricieux et peuvent refuser le compagnon que vous leur avez choisi même s'il est du sexe opposé. Usez de patience! Ne mettez les oiseaux en contact que quelques heures par jour, au début, s'il y a signe d'agressivité; munissez-vous d'une très vaste cage et d'une boîte de nidification adéquate.

Le nid

Le nid devrait être propre, bien aéré et assez grand pour contenir les deux parents. Les cockatiels préfèrent un nid fermé muni d'une petite ouverture pour s'y faufiler. Le fond peut être fait d'une simple planchette de bois creusé laissée telle quelle ou recouverte de papier essuie-tout, de jute naturelle ou de copeaux de bois.

La nutrition

Les parents en période de reproduction doivent recevoir, en plus d'une alimentation équilibrée, de la pâtée d'élevage vendue dans les boutiques d'animaux ou chez les éleveurs. Vous devriez veiller à ce que l'apport en vitamine et en minéraux soit optimal. Les oiseaux qui consomment une moulée complète devront en recevoir une plus enrichie que le fabricant appelle « moulée pour la reproduction ». Si la ponte est abondante (plus de six œufs), augmentez l'apport de calcium alimentaire.

L'accouplement et la ponte

Vous pouvez voir vos cockatiels s'accoupler plusieurs jours avant la ponte. Le mâle grimpe sur le dos de la femelle, qui se penche vers l'avant en poussant de petits cris. L'accouplement ne dure que quelques minutes et peut se reproduire plusieurs fois par jour. Le sperme du mâle peut vivre pendant plusieurs dizaines d'heures dans l'utérus de la femelle après l'accouplement. La femelle peut pondre de 3 à 8 œufs (la moyenne étant de 4 œufs) à 24 ou 48 heures d'intervalle. Tous les accouplements ne mènent pas nécessairement à la ponte.

Nous recommandons d'attendre que la femelle ait au moins un an et demi et le mâle, un an, avant de tenter la reproduction. Un couple de cockatiels en santé peut avoir deux ou trois portées par année. C'est un maximum recommandable.

La couvaison

Le mâle et la femelle cockatiels se partagent la tâche de la couvaison et des soins aux nouveau-nés. En général, la femelle couve le jour et le mâle, la nuit surtout. Parfois, si le nid est assez grand, les deux oiseaux vont s'y retrouver en même temps. La majorité des cockatiels se révèlent d'excellents parents et le nid sera rarement vide. La couvaison (c'est-à-dire la période pendant laquelle les parents incubent les œufs) est de 18 à 20 jours.

- Si vos oiseaux pondent mais ne couvent pas leurs œufs, ne tentez surtout pas de construire un incubateur pour faire éclore les œufs vous-même. Peut-être réussirez-vous, mais comment pensez-vous pouvoir nourrir un ou plusieurs oisillons qui, la nuit comme le jour, exigeront des soins et une attention presque constante? Le plus souvent, les bébés privés des soins de leurs parents mourront pitoyablement au bout de quelques jours.
- Une bonne solution pour régler le problème d'un couple qui ne couve pas adéquatement consiste à transférer les œufs dans un autre nid avec de meilleurs parents : un autre couple de cockatiels, ou même des perruches ondulées ou des inséparables, pourra les prendre sous son aile.

L'éclosion

Si vous avez de la chance et que les œufs sont fertiles, l'éclosion aura lieu après la période de couvaison normale. Ne touchez pas aux œufs sauf si, après 36 heures, un œuf est fendillé mais que l'oisillon n'est pas sorti ; aidez alors le nouveau-né en ouvrant délicatement la coquille. Si la période de couvaison normale est depuis longtemps terminée et que les œufs ne sont pas éclos, vous pouvez les jeter si les parents ne s'en occupent plus. Sinon, attendez plutôt qu'ils quittent le nid d'eux-mêmes.

Les soins aux nouveau-nés

Ce sont les parents qui vont prendre soin des oisillons. Vous devrez simplement veiller à ce que leur alimentation soit très bonne : offrez-leur une pâtée d'élevage en plus des graines et de la nourriture de table ou donnez-leur une moulée conçue spécialement pour la période de reproduction. Les deux parents nourrissent le bébé en régurgitant dans son bec les graines et la pâtée (ou la moulée) qu'ils ont préalablement consommées. Si les parents ne nourrissent pas ou peu les oisillons, ces derniers crient constamment, s'affaiblissent et meurent rapidement. Vous pouvez tenter de trouver des parents adoptifs; l'idéal serait un autre couple d'oiseaux ayant des jeunes presque du même âge. Si cela est impossible, vous devrez les nourrir à la main (voir ci-après). Ne soyez cependant pas trop déçu s'ils meurent, surtout s'ils ont moins de deux semaines.

Les oisillons naissent complètement déplumés, aveugles et entièrement dépendants de leurs parents. Ils vous sembleront vraiment très laids avec leur peau rose et nue et leurs énormes yeux noirs visibles à travers leurs paupières fermées. Les premières plumes sont apparentes après 15 à 20 jours et, à 4 semaines, le plumage recouvre entièrement le corps des oisillons. Vers cinq semaines, les oisillons commencent à sortir le bout de leur bec à l'extérieur du nid et à sept semaines, ils se perchent et commencent à voler. Ne les sevrez pas complètement avant 8 à 10 semaines et même alors, assurez-vous qu'ils se nourrissent bien d'eux-mêmes avant de les séparer.

Nourrir un oisillon à la main

Il est intéressant de nourrir à la main un jeune cockatiel; même si cela demande beaucoup de temps, l'oiseau n'en sera que plus apprivoisé et fera le meilleur des compagnons. Assurez-vous cependant que vous avez réellement le temps et l'habilité requise, car bien des parents cockatiels refuseront de recommencer à nourrir leur oisillon si, après quelques jours, on le remet dans son nid. Sauf en de rares cas, par exemple si les parents arrêtent de nourrir leur bébé, l'attaquent ou meurent, vous ne devriez jamais tenter de le nourrir vous-même avant qu'il ait trois ou quatre semaines. Vous devrez lui donner à manger quatre à huit fois par jour, selon l'âge de l'oisillon et la nourriture que vous utiliserez. Choisissez une nourriture d'élevage déjà préparée et qui a fait ses preuves. Consultez un vétérinaire ou un éleveur reconnu. Les recettes maison demandent trop de préparation en plus d'être incomplètes.

Vous administrerez le mélange en utilisant une seringue, une petite cuillère ou un compte-gouttes, jusqu'à ce que le jabot de l'oisillon soit bien tendu et qu'une bosse se forme dans son cou. Quand il aura six semaines environ, diminuez la fréquence des repas à la main pour qu'il commence à se nourrir de lui-même. Il est important de garder les oisillons au chaud, dans un environnement calme et très propre car ils sont extrêmement fragiles.

La nourriture doit être réchauffée à la température du corps, soit environ 37 °C. Mettez une goutte du mélange sur votre poignet ; il ne devrait être ni chaud ni froid. Un termomètre est cependant plus précis et recommandé. N'utilisez pas le micro-ondes pour réchauffer votre mélange. Trop souvent la température est inégale et vous pourriez brûler le jabot de vos oisillons ou offrir une nourriture trop froide qui prédispose à une infection du jabot (voir page 140).

Jeu-questionnaire

La reproduction des cockatiels : que sais-je ? (Cochez la bonne réponse.)

1) J'ai trouvé un œuf dans la cage où vivent mes deux cockatiels dont j'ignore le sexe. J'ai donc un couple.
VRAI ❑   FAUX ❑

2) Ma femelle a un gros ventre depuis quelques jours. Cela veut dire qu'elle est enceinte.
VRAI ❑   FAUX ❑

3) Le mâle ne va pas dans le nid, il n'est donc pas arrivé à fertiliser les œufs.
VRAI ❑   FAUX ❑

4) Si j'ai un seul oiseau, il est impossible qu'il ponde.
VRAI ❑   FAUX ❑

5) Les deux parents vont s'occuper des œufs et des oisillons.
VRAI ❑   FAUX ❑

6) On arrive à distinguer le mâle de la femelle en examinant leur bas-ventre.
VRAI ❑   FAUX ❑

7) Mes cockatiels s'aiment beaucoup, s'embrassent et se cajolent ; j'ai donc un mâle et une femelle.
VRAI ❑   FAUX ❑

8) Il est possible qu'un seul accouplement de ma femelle avec son compagnon produise plusieurs œufs fertiles.
VRAI ❏   FAUX ❏

9) On peut savoir si les œufs sont fertiles en les examinant de près à la lumière d'une ampoule pour voir, à travers la coquille transparente, s'il y a des vaisseaux sanguins ou un embryon à l'intérieur.
VRAI ❏   FAUX ❏

10) Pour nourrir leurs bébés, les parents peuvent se contenter d'une pâtée d'élevage.
VRAI ❏   FAUX ❏

11) Si mes cockatiels ne s'occupent pas de leurs œufs, je peux construire un incubateur et les faire éclore moi-même.
VRAI ❏   FAUX ❏

12) Je peux faire accoupler deux cockatiels qui sont frère et sœur.
VRAI ❏   FAUX ❏

13) Si ma femelle pond trop ou si je ne veux plus de bébés, je dois lui enlever ses œufs.
VRAI ❏   FAUX ❏

14) Il ne faut jamais toucher les œufs avec les doigts, sinon les parents les abandonneront.
VRAI ❏   FAUX ❏

15) Si je veux nourrir les oisillons à la main moi-même, je dois commencer dès l'éclosion.
VRAI ❏   FAUX ❏

(Réponses à la page 166)

Les maladies et leurs traitements

Symptômes généraux d'un oiseau malade

Un cockatiel aux plumes ébouriffées, qui se tient couché au fond de sa cage, qui ne réagit presque pas si on le touche, est souvent un cockatiel « mort » même s'il reçoit les meilleurs soins médicaux. Cette règle se vérifie malheureusement dans 95 p. 100 des cas. N'attendez donc pas de tels symptômes avant de consulter un vétérinaire.

Les oiseaux sont maîtres dans l'art de dissimuler leurs malaises. Dans la nature, les cockatiels malades sont tués ou abandonnés par leurs congénères qui espèrent ainsi éloigner les prédateurs. Votre cockatiel essaiera donc par tous les moyens de vous cacher sa mauvaise forme. Apprenez à bien reconnaître ce qui est normal pour lui. S'il n'a pas l'habitude de dormir l'après-midi, s'il dort la tête dans les plumes, s'il ébouriffe ses plumes, s'il ne parle plus, s'il refuse que vous le caressiez alors qu'avant il adorait se faire cajoler ou, au contraire, s'il est trop affectueux ou s'il refuse de sortir de sa cage, votre cockatiel est peut-être malade. Certains cockatiels très apprivoisés ont le réflexe, lorsqu'ils sont malades, de rechercher à tout prix la chaleur humaine : ils se réfugieront dans votre cou et y resteront des heures sans bouger.

Ne confondez pas ce symptôme avec une recherche d'affection.

Inquiétez-vous aussi de tout écoulement nasal ou oculaire, de signes de vomissements ou de régurgitation (plumes du visage collées), de selles anormales, de difficultés respiratoires, d'une augmentation ou d'une diminution de son appétit, de changements notables de son activité. S'il arrête de manger, considérez son cas comme une urgence requérant une attention immédiate.

Rappelez-vous que plusieurs cockatiels meurent la bouche pleine et que le fait que le vôtre « mange encore » ne doit pas endormir votre vigilance. Ne prenez aucun risque et, au moindre doute, consultez un vétérinaire. Votre oiseau est unique, sa vie est importante et elle dépend de vous.

Soins généraux à apporter à un oiseau malade

Le première chose à faire : prendre rendez-vous dès que possible chez le vétérinaire. Même le plus habile des vétérinaires ne peut poser un diagnostic au téléphone et encore moins traiter votre cockatiel de cette façon ! Il existe quand même certains soins de base que vous devriez apporter à l'oiseau malade :

- Diminuez son stress en amenant l'oiseau dans une pièce calme. Couvrez trois côtés de la cage avec une couverture. Il s'y sentira plus en sécurité. Surtout n'allez pas déranger votre cockatiel à toutes les cinq minutes pour voir s'il va mieux. Son instinct le portera à réagir à votre visite. Il peut remonter sur son perchoir, replacer ses plumes ébouriffées, vocaliser un peu, non parce qu'il va mieux, mais parce que dans la nature un cockatiel malade ne survit pas ; il veut donc vous cacher ses symptômes, mais, malheureusement, il épuise son énergie.

- Élevez la température ambiante. Maintenez l'environnement immédiat de l'oiseau à une température de 27 à 30 °C. L'oiseau malade éprouve beaucoup de difficulté à maintenir sa température corporelle. Il gonfle ses plumes pour augmenter son isolation et donc sa température interne, mais cela ne suffit pas la plupart du temps. Utilisez un coussin chauffant sous la cage, une lampe à rayons infrarouges ou, plus simplement, isolez l'oiseau dans une petite pièce où vous pouvez régler la température.

- Si vous avez plusieurs cockatiels, isolez le malade, de préférence dans une pièce à part. Certaines maladies peuvent être contagieuses.
- Enlevez le gravier (si vous n'avez pas suivi nos conseils… et que vous persistez à lui en donner!) mais aussi les écailles d'huîtres et les blocs minéraux. Le cockatiel indisposé peut en surconsommer.
- Installez l'eau et la nourriture à proximité immédiate du cockatiel pour qu'il n'ait à faire aucun effort supplémentaire afin d'atteindre ses augets. S'il se tient au fond de la cage, mettez-y l'eau et la nourriture dans des plats peu profonds. Offrez-lui aussi du millet en grappe.
- Notez la consistance des fientes et conservez des échantillons pour le vétérinaire.
- Faites la liste de toutes les causes possibles de la maladie : courant d'air, stress, acquisition d'un nouvel oiseau, possibilité d'empoisonnement, changement alimentaire, déplacement, etc. Cela pourra aider votre vétérinaire.
- N'utilisez jamais de médicaments pour humains ou ceux prescrits pour d'autres animaux, ni même de médicaments utilisés précédemment pour un autre oiseau. Ne donnez pas d'alcool : le cognac n'a jamais guéri un humain, pourquoi en serait-il autrement pour votre cockatiel? Ne tentez pas de traitements maison. Sachez qu'il n'y a pas de diagnostic facile. Le cockatiel ne peut décrire ses symptômes, la médecine des oiseaux est toute jeune et même en médecine humaine, on ne peut malheureusement sauver tous les patients.
- N'utilisez *jamais* d'onguent ou de crème à moins qu'ils soient prescrits par le vétérinaire. Le plus souvent, ces produits finissent par coller sur les plumes et rendent le plumage plus perméable au froid ; ils peuvent aussi être ingérés par l'oiseau qui risque alors de s'intoxiquer.

Le diagnostic des maladies

Les pages suivantes décrivent quelques-unes des maladies les plus susceptibles d'affliger votre cockatiel. Toutefois, dans la majorité des cas, on ne trouve pas de signes pathopneumoniques (joli terme médical signifiant que certains symptômes ne peuvent être reliés qu'à une seule maladie). Ainsi, la diarrhée est un symptôme et non une maladie par elle-même. Les causes de la diarrhée sont multiples: malnutrition, infection rénale, problème hépatique, diabète, mauvais fonctionnement de l'appareil digestif, cancer, parasites, blocage par le gravier, empoisonnement… La médecine humaine a inventé l'électromicroscopie, l'échographie, le scanner, l'endoscopie… et ce n'est pas sans raison. Certaines maladies sont difficiles à diagnostiquer et d'autres ne répondent à aucun traitement. Ce n'est certainement pas le médicament universel « contre la diarrhée » acheté à la boutique d'animaux qui guérira tous ces problèmes.

Règle de base: Consultez un vétérinaire compétent en matière d'oiseaux; voyez une clinique dont au moins 30 p. 100 de la clientèle est constituée d'oiseaux et… n'attendez pas de miracle! Le remède contre le cancer n'est pas encore découvert chez les humains, encore moins chez les cockatiels.

Souvenez-vous qu'utiliser de votre propre chef un antibiotique ou tout autre médicament n'aura souvent que des effets néfastes: vous retarderez votre visite chez le vétérinaire afin d'« essayer » le traitement et, ainsi, l'oiseau sera plus malade et plus faible. Vous risquez de masquer certains indices révélateurs. Vous augmentez la résistance des bactéries au traitement qui est réellement nécessaire et surtout vous pourriez être la cause indirecte du décès de votre oiseau. Pensez-y!

Mais pourquoi votre cockatiel est-il malade ?

Un oiseau indisposé vous montre des symptômes et non une maladie comme telle. Par exemple, la diarrhée ou l'amaigrissement en tant que tels ne sont pas des « maladies ». Il ne s'agit que de signes extérieurs d'un problème précis qui doit être identifié pour que le cockatiel soit traité adéquatement.

Trois facteurs sont à considérer pour comprendre pourquoi votre oiseau est malade :
- le cockatiel lui-même ;
- l'environnement ;
- l'agent de la maladie.

Le cockatiel lui-même

Ici entrent en jeu des facteurs tels que l'hérédité, la mue, la reproduction, l'âge de l'oiseau, son état immunitaire, sa constitution, son état nutritionnel.

L'environnement

Voici quelques exemples d'agents pouvant diminuer la résistance de votre cockatiel à la maladie :
- une photopériode inadéquate ;
- une température trop basse, trop haute ou qui varie trop ;
- les courants d'air ;
- une mauvaise hygiène ;
- trop ou trop peu d'humidité ;
- un environnement mal aéré ou dangereux ;
- le stress ;
- l'exposition à des oiseaux malades ;
- une mauvaise nutrition.

L'agent de la maladie

Les agents qui peuvent causer un même symptôme sont multiples : les bactéries, les parasites, les levures, les irritants, la malnutrition, les cancers, les toxines, les virus, les champignons (fongus), les poisons, les problèmes métaboliques, immunitaires, psychologiques ou hormonaux.

La maladie est un problème extrêmement complexe et, autant que possible, un diagnostic précis doit être posé avant l'instauration d'un traitement.

Les traitements vétérinaires

Les pages suivantes traitent des différentes maladies pouvant affecter votre cockatiel. Très souvent, notre seul conseil pour le traitement sera: consultez un vétérinaire. Pourquoi? Qu'est-ce que le vétérinaire peut faire de plus que vous pour votre cockatiel?

La première étape, la plus difficile, consiste à poser un diagnostic, c'est-à-dire à identifier, si possible, la cause exacte de la maladie. Pour cela, le vétérinaire examinera physiquement votre oiseau et aura recours, si nécessaire, à des analyses de laboratoire: radiographies, analyses de sang, analyses des selles, cultures bactériennes, etc. On ne doit pas jouer aux devinettes lorsque la vie d'un animal peut être en jeu.

Comment traiter à la maison

Suivant les résultats des analyses et l'état général de votre oiseau, différentes formes de traitements seront possibles.

Administrer un médicament dans l'eau de boisson

Cette forme de traitement a comme seuls avantages d'être facile à utiliser et de n'entraîner aucun stress pour l'oiseau. On l'emploie dans les cas mineurs ou après une hospitalisation pour terminer le traitement. Malheureusement, plusieurs médicaments changent le goût et la couleur de l'eau et le cockatiel peut alors refuser de boire normalement. De plus, on ne peut contrôler la quantité exacte de remède qu'il consomme; on risque ainsi de lui en donner trop ou pas assez.

- Si le médicament a un goût amer ou désagréable, ajoutez un peu de miel au mélange pour qu'il soit mieux accepté. Vérifiez cependant avec votre vétérinaire s'il n'y a pas de contre-indication à ce mélange.
- Supprimez les fruits ou les légumes riches en eau, ainsi que le bain. Le cockatiel serait bien trop heureux d'extraire le jus de ces aliments et de boire l'eau du bain, ce qui diminuerait sa consommation d'eau médicamenteuse. Dans certains cas, il est recommandé de tremper les fruits et les légumes dans l'eau médicamenteuse pour que l'oiseau malade absorbe davantage de médicament.
- Certains médicaments peuvent être ajoutés à la nourriture de l'oiseau. Choisissez des aliments mous (raisins et bananes) auxquels le remède adhérera facilement et assurez-vous qu'ils sont entièrement consommés. Seuls les médicaments ayant un bon goût seront acceptés par l'oiseau. Rappelez-vous que si le cockatiel ne se laisse jamais mourir de soif, peu importe le goût de l'eau, il peut refuser les aliments médicamentés ; s'il n'a rien d'autre à « se mettre sous la dent », il peut mourir de faim.

Administrer un médicament directement dans le bec

On peut, avec une seringue ou un compte-gouttes, administrer de petites quantités de médicaments directement dans le bec d'un cockatiel. On peut ainsi donner le dosage exact au moment choisi dans la journée. Cette méthode ne peut être utilisée que pour des cockatiels très apprivoisés et par des propriétaires capables de les manipuler.

- N'utilisez jamais un compte-gouttes ou une seringue en verre. Imaginez la catastrophe si le cockatiel les brisait dans son bec.
- Administrez de petites doses à la fois et assurez-vous que le cockatiel a réellement avalé le médicament avant de continuer.
- Si l'oiseau se débat, crie et s'étouffe, cessez immédiatement l'administration du produit. Le médicament pourrait accidentellement obstruer la trachée et entraîner une pneumonie fatale.

Administrer un médicament par injection

Dans de rares cas, le vétérinaire pourra vous suggérer de donner des piqûres à votre cockatiel, à la maison. Assurez-vous qu'on vous enseigne la bonne technique et que vous avez réellement le courage de le faire. En général, nous recommandons que les injections soient données à l'hôpital vétérinaire par un membre du personnel compétent et entraîné. Les manipulations seront certainement plus rapides, les risques d'hémorragie moins grands, et si votre cockatiel craint ou déteste quelqu'un suite au traitement, ce ne sera pas vous!

L'hospitalisation

Un cockatiel malade doit parfois recevoir des traitements intensifs pendant plusieurs jours. L'hospitalisation est alors essentielle. Assurez-vous que le vétérinaire que vous consulterez a de bonnes connaissances en médecine des oiseaux (très différentes de celles des chiens et des chats) et qu'il est également équipé pour hospitaliser votre cockatiel, si nécessaire. À l'hôpital, l'oiseau sera sous une surveillance médicale continue. On notera quotidiennement son poids, son activité, son appétit, la consistance de ses selles et, s'il y a lieu, le traitement pourra être modifié sans délai. Bien sûr, le milieu hospitalier

est un environnement stressant pour le cockatiel mais, dans bien des cas, l'hospitalisation représente sa seule chance de guérison. Un cockatiel qui cesse de manger doit être hospitalisé.

Les injections

À l'hôpital, on peut injecter à l'oiseau des médicaments avec un minimum de stress et d'inconfort. La dose exacte est calculée selon le poids de l'oiseau et donnée à heures fixes. Bien sûr, on ne peut pas dire que le cockatiel apprécie une telle forme de traitement, mais les médicaments injectables sont souvent plus puissants et plus efficaces que ceux donnés oralement ; en outre, plusieurs médicaments n'existent que sous forme injectable.

Le plus souvent, on administre les piqûres dans le muscle de la poitrine (appelé « muscle du bréchet »). Parfois, pour des cas graves, des injections intraveineuses seront nécessaires. Le sérum pourra être donné sous la peau, dans le cou ou à l'intérieur des cuisses.

Les intubations

On peut doser avec exactitude un médicament donné oralement ou nourrir un cockatiel anorexique en l'intubant. Cela consiste à insérer dans le bec un tube de caoutchouc assez rigide que l'on descend ensuite dans l'œsophage jusqu'au jabot. Les médicaments ou la nourriture prescrits se déversent dans le tube et ne risquent pas d'atteindre les poumons. Les intubations ne doivent être effectuées que par une personne bien entraînée. Si le tube devait, par accident, être inséré dans la trachée plutôt que dans l'œsophage, le cockatiel mourrait étouffé. Les intubations ne sont pas douloureuses ; elles ne prennent que quelques minutes et doivent être effectuées deux ou trois fois par jour, selon le cas.

La chirurgie

Certains problèmes, tels les tumeurs, les corps étrangers, les fractures ouvertes et les lacérations, nécessitent une intervention chirurgicale.

Comme chez tous les autres animaux et même chez l'humain, l'anesthésie générale comporte un risque minime de décès mais, depuis quelques années, les vétérinaires pour oiseaux utilisent un gaz des plus sécuritaires (quoique très cher) pour endormir les cockatiels. Avec cette forme d'anesthésie, les risques d'accident ont beaucoup diminué. Demandez à votre vétérinaire de quelle façon votre cockatiel sera anesthésié s'il doit subir une intervention chirurgicale. Malheureusement, l'anesthésie locale est peu efficace chez l'oiseau et est parfois toxique.

Les problèmes digestifs

La fiente normale du cockatiel est composée de deux parties qui sont excrétées en même temps : une partie brun-noir ferme constituée par les *selles*, c'est-à-dire par ce qui provient du système digestif, et une partie blanche solide formée par *l'urine* ou plus précisément les urates qui proviennent du rein. Sachez reconnaître les selles normales de votre oiseau.

La diarrhée et l'excès d'urine

Les cas de diarrhée, c'est-à-dire quand la partie brune est molle et non formée, sont beaucoup plus rares que les cas de polyurie (quand il y a trop d'urine). Si les selles sont formées mais qu'il y a un grand cerne d'eau autour, il ne s'agit pas de la diarrhée mais d'un problème d'excès d'urine ; les causes et les traitements ne sont pas les mêmes et il peut être difficile de faire la différence. Conservez donc les selles de l'oiseau pour les faire examiner par le vétérinaire. Les causes possibles de diarrhée et d'excès d'urine sont variées et pourraient remplir deux ou trois pages de ce livre : infection, parasites, poison, cancer, diabète, insuffisance rénale, etc.

Rappelez-vous simplement qu'un oiseau qui a mangé beaucoup de fruits ou de légumes, qui est stressé ou vit dans un environnement très chaud aura des selles plus molles et plus liquides, sans que cela soit grave.

Pour vérifier si votre cockatiel souffre d'une diarrhée pathologique, isolez-le dans une pièce calme à une température de 25 °C et enlevez temporairement les fruits et les légumes, l'os de seiche et le bloc minéral de sa cage. Ses selles devraient redevenir normales en 24 heures. Jamais son activité ne devrait diminuer.

Dans tous les autres cas, une visite immédiate chez le vétérinaire s'impose, soit:
- diarrhée ou polyurie qui persiste pendant plus de 24 heures;
- diarrhée accompagnée de vomissements ou d'anorexie;
- oiseau abattu et gonflé;
- selles avec du sang ou vert émeraude;
- selles avec des graines non digérées.

Suivez aussi les directives des pages 90 et 91: «Soins généraux à apporter à un oiseau malade».

Les vomissements et les régurgitations

Les oiseaux ne vomissent pas vraiment. Ils régurgitent, c'est-à-dire qu'ils expulsent la nourriture non digérée de leur jabot (et non de leur estomac). Quoi qu'il en soit, considérez toujours la régurgitation comme un problème sérieux *sauf* si l'oiseau ne régurgite qu'une fois ou deux suite à un stress (changement alimentaire, déplacement, frayeur). Éliminez le stress et tout devrait rentrer dans l'ordre.

Les autres cas de régurgitation sont sérieux. Le cockatiel qui ne peut garder sa nourriture maigrit, s'affaiblit et se déshydrate très rapidement. Il peut même s'étouffer avec ses régurgitations. Consultez un vétérinaire sans tarder. Une radiographie et des cultures bactériennes seront souvent nécessaires.

Les causes possibles sont une infection, un blocage intestinal par des corps étrangers, un excès de gravier, une tumeur, des parasites, un empoisonnement, un problème neurologique, l'engorgement du foie, etc.

N'imposez jamais le jeûne à votre oiseau. Bien sûr, il ne vomira plus puisque son jabot sera vide mais il mourra de faim en peu de temps.

Certains cockatiels vont régurgiter sur leurs jouets ou même sur vous pour démontrer leur affection. En effet, les oiseaux amoureux se nourrissent l'un l'autre. Il ne s'agit pas d'un problème médical mais d'un comportement normal... un peu déplacé. Dans ce cas, l'oiseau régurgite des graines non digérées avec très peu de liquide et n'aura jamais les plumes du visage souillées par ses régurgitations. Il sera en pleine forme et ses selles seront normales.

La constipation

Il est extrêmement rare de voir un cockatiel constipé. Le plus souvent, on confond un oiseau malade qui mange moins ou plus du tout (et produit très peu de selles) avec un oiseau constipé.

Les vrais cas de constipation peuvent être causés par un blocage intestinal, un œuf retenu, une tumeur, une hernie abdominale, l'obésité, une masse au niveau du cloaque ou un polype intestinal ou cloacal.

Vous vous rendrez compte que le vieux truc consistant à donner de l'huile minérale comme laxatif sera inutile dans la majorité des cas; cela ne fera que retarder votre visite chez le vétérinaire et pendant ce temps votre oiseau dépérira.

Causes fréquentes des problèmes digestifs ou urinaires

Voyons maintenant les causes les plus fréquentes de problèmes digestifs ou urinaires chez le cockatiel.

LES INFECTIONS

Elles donnent lieu à des selles molles plus ou moins vertes, accompagnées parfois de régurgitations. Une multitude de bactéries et même des fongus ou des levures peuvent causer une infection digestive. Le traitement varie selon la cause. On utilise le plus souvent des antibiotiques ou des antifongiques, ainsi que des traitements de support : vitamines, fluides, intubations.

LES PARASITES

Les parasites sont des vers ronds et plats, ou protozoaires : coccidies et giardias. Ils sont assez rares chez le cockatiel, mais peuvent provoquer de la diarrhée et même le passage de graines non digérées dans les selles. Le vétérinaire devra effectuer une parasitologie pour identifier les parasites, mais cela est parfois très difficile car le parasite est souvent excrété dans les selles de façon occasionnelle. Le traitement varie selon l'agent causal. Le parasite appelé giardia est spécialement difficile à identifier et à traiter ; il provoque de la diarrhée, des problèmes de digestion et de picage. Il est malheureusement le plus fréquent.

LES EMPOISONNEMENTS

Des selles qui sont vert émeraude ou teintées de sang peuvent vous faire soupçonner un empoisonnement (voir p. 119).

LA GOUTTE

La goutte est une maladie du rein dont la cause n'est pas bien identifiée. L'oiseau atteint présentera de la polyurie (beaucoup d'urine) dans ses selles. Parfois, il présentera aussi des enflures blanches et douloureuses au niveau des doigts (appelées tophi goutteux). Le fond de sa cage sera même complètement détrempé en moins de

24 heures. Pour compenser cette perte d'urine, l'oiseau boira de très grandes quantités d'eau. Des analyses d'urine et de sang seront souvent nécessaires pour diagnostiquer le problème. Il n'existe à ce jour aucun traitement curatif et parfois l'euthanasie sera envisagée.

LE DIABÈTE

Chez le cockatiel, le diabète est caractérisé par une surproduction d'urine et une soif intense (comme dans le cas de la goutte), en plus du passage de glucose (sucre) dans l'urine et d'un taux élevé de glucose aussi dans le sang. Comme chez l'humain, des injections quotidiennes d'insuline sont à envisager mais peu d'oiseaux (et de propriétaires!) se rallient à cette solution. Souvent un changement de diète assure tout de même une bonne vie à l'oiseau, quoique la polyurie persiste.

LES PROBLÈMES DE REPRODUCTION

Avant ou pendant la période de ponte, la femelle cockatiel produira de très grosses selles, ce qui est normal, car le cloaque (là où se retrouvent les selles, l'urine et les œufs, avant d'être expulsés) est alors distendu pour permettre le passage des œufs.

Par contre, si la femelle cockatiel présente une baisse de production d'excréments, ou si elle ne fait plus de selles mais seulement de l'urine, vous devez soupçonner un problème d'œufs retenus et consulter immédiatement un vétérinaire.

LES AUTRES MALADIES

Les cancers, les maladies du foie, du pancréas ou de l'estomac, et certains virus peuvent aussi amener des problèmes digestifs.

L'anorexie

L'anorexie est le refus de se nourrir ; c'est une urgence médicale. Les causes possibles sont les infections, la douleur, les blocages, le stress, etc. Comme nous l'avons dit précédemment, un cockatiel ne peut être privé de nourriture même pour une courte période (36 à 48 heures) sans en pâtir. Vous saurez que votre cockatiel est anorexique si vous constatez que ses selles diminuent et qu'il ouvre moins de graines.

Essayez d'offrir à l'oiseau ce qu'il préfère. S'il boit encore, ajoutez du miel dans son eau, plus des vitamines et des minéraux. S'il est apprivoisé, essayez de lui offrir de la nourriture pour bébé ou de la pâtée d'élevage à la cuillère.

Les maladies respiratoires

Les affections respiratoires sont très fréquentes chez les cockatiels et demeurent une importante cause de mortalité, spécialement chez les jeunes sujets. Contrairement à la majorité des cas semblables chez les humains, les maladies respiratoires des oiseaux ne sont pas causées par des virus mais par des bactéries, des fongus, des chlamydiae (sorte d'organisme mi-virus et mi-bactérie, responsable de la « psittacose », maladie transmissible à l'homme et sur laquelle nous reviendrons plus loin) et des mycoplasmes (organisme mi-bactéric et mi-fongus).

Donc, même si nous pouvons soigner notre rhume simplement avec du repos, beaucoup de chaleur, du liquide et des vitamines, le cockatiel, lui, aura souvent besoin d'antibiotiques ou d'autres médicaments pour guérir.

L'hypovitaminose A

Le manque de vitamine A prédispose les oiseaux aux problèmes respiratoires en rendant la barrière naturelle que sont les muqueuses plus fragile aux attaques des agents infectieux. Le cockatiel qui ne consomme que des graines, surtout si aucun supplément vitaminique ne lui est offert, souffre souvent de déficience en vitamine A et, conséquemment, le traitement d'une infection respiratoire devrait toujours inclure un supplément de vitamine A, administré en injection ou par le bec. L'ajout d'huile de foie de morue (deux à trois gouttes par semaine sur la nourriture molle ou directement dans le bec) peut régler le problème. On trouve la vitamine A dans les légumes vert foncé comme le brocoli, les épinards et le poivron vert. Offrez-en plus souvent à votre cockatiel.

Les sinusites

Un oiseau qui éternue, a les narines bouchées et le nez qui coule, est atteint, tout au moins, d'une sinusite. Nous disons «tout au moins» parce que la sinusite est très souvent accompagnée de symptômes plus généraux: léthargie, plumage gonflé, refus de se nourrir, fièvre, laryngite et pneumonie. Même une sinusite sans complication peut être difficile à traiter.

Nous recommandons dans ce cas une culture en laboratoire des écoulements nasaux ou des sécrétions des choanes (fentes du palais), pour identifier l'agent causal, et la prescription des antibiotiques auxquels cette bactérie (si c'est une bactérie) est sensible. On peut, selon la cause et l'état de l'oiseau, traiter une sinusite à l'aide de médicaments dans l'eau, directement dans le bec, en gouttes dans les narines ou en injection.

N'attendez pas, car l'état de l'oiseau non traité peut se détériorer rapidement. Même si, par ailleurs, il est encore en pleine forme, une visite chez le vétérinaire s'impose. À la maison, faites le nécessaire pour combattre le mal: isolez votre oiseau, augmentez l'humidité ambiante, diminuez les sources d'irritation (fumée, poussière), assurez-vous que votre malade est au chaud et se repose.

Les sinusites d'origine allergique existent probablement aussi chez les oiseaux (comme le rhume des foins chez l'homme). L'absence de tests d'allergies pour les oiseaux nous empêche de le prouver mais, dans certains cas où une bactérie ne peut être isolée, lorsque l'oiseau ne répond pas aux antibiotiques mais demeure en pleine forme (à part les éternuements), les allergies pourraient être mises en cause.

Les laryngites et les syringites

Le cockatiel ne possède pas de cordes vocales. Sa voix provient des contractions de certains muscles qui agissent sur un appareil vocal situé près des poumons et appelé « syrinx ». La proximité des poumons rend très risquée pour la vie de l'oiseau toute opération visant à le priver de sa voix.

Cet organe, le syrinx, peut être le site d'infections ; on parle alors de syringite ou de laryngite. La voix de l'oiseau devient rauque, plus grave et il cesse même parfois complètement de vocaliser. Ce problème est sérieux car il dégénère souvent en pneumonie. Il y a donc lieu de s'inquiéter de tout changement dans la voix du cockatiel.

Les conjonctivites

Nous traitons ici des problèmes oculaires infectieux car, trop souvent, ils sont reliés aux troubles respiratoires. Le cockatiel atteint aura le tour d'un ou des deux yeux enflé et rougi. Cette enflure débute fréquemment au niveau du quantus médial de l'œil (la partie la plus proche du bec). Les conjonctivites sont très fréquentes chez le cockatiel et ne doivent pas être prises à la légère.

L'oiseau semble souvent inconfortable. Il se gratte l'œil avec sa patte ou en frottant sa tête sur ses perchoirs. Son appétit peut diminuer.

C'est un problème extrêmement grave, même s'il semble bénin au début, car bien des conjonctivites dégénèrent en sinusite et en pneumonie.

Le vétérinaire peut prescrire des gouttes oculaires à base d'antibiotiques et souvent des médicaments systémiques. Une chirurgie sera parfois nécessaire. Les mycoplasmes (organismes mi-bactérie et mi-fongus) causent souvent les conjonctivites. Dans ce cas, les rechutes sont fréquentes et le traitement difficile.

La pneumonie et l'infection des sacs aériens

Le système respiratoire de l'oiseau est unique. Il est parfaitement adapté à la caractéristique principale de cette espèce : la capacité de voler. En conséquence, tout l'organisme de l'oiseau tend vers une plus grande légèreté. Les poumons sont petits et communiquent avec les sacs aériens au nombre de neuf, sortes de poches où l'air circule et où se produisent des échanges gazeux. Plusieurs des os les plus importants sont partiellement creux chez le cockatiel et permettent ainsi une meilleure oxygénation. Les os creux communiquent avec les sacs aériens.

Une pneumonie (infection des poumons) sera donc souvent accompagnée de sacculite (inflammation des sacs aériens) et même parfois d'ostéomyélite (inflammation des os) puisque tous ces organes communiquent directement.

Tout cela explique la difficulté de traiter une pneumonie. L'oiseau atteint a une respiration difficile, souvent bruyante et respire parfois en gardant son bec ouvert. Le plus souvent, il hérisse son plumage et refuse de manger. Le moindre stress peut le faire tomber en syncope (manque d'oxygène au cerveau) et le tuer. La pneumonie exige sans contredit des traitements médicaux suivis, donc une hospitalisation. Votre cockatiel recevra, selon le cas, de l'oxygène, du sérum, des antibiotiques injectables, des vitamines et de la nourriture par intubation. Il devra être isolé et gardé à la chaleur. Tous ces traitements ne peuvent être donnés que par un vétérinaire et, même dans ce cas, le taux de mortalité demeure malheureusement élevé. Comprenez que même si le stress provoqué par le transport et par l'examen peut parfois être fatal pour un cockatiel très malade, le traitement médical n'en représente pas moins sa seule chance de survie. Un oiseau qui ne supporte pas l'examen vétérinaire serait mort de toute façon à la maison, mais plus lentement et donc plus cruellement.

La psittacose

La psittacose (aussi appelée ornithose ou chlamydiose) est une maladie respiratoire causée par une bactérie appelée «chlamidiae psittacie»: à ne pas confondre avec la chlamydiose des chats (amenant des problèmes oculaires) ou la chlamydia des humains (maladie transmissible sexuellement).

Chez l'oiseau, la psittacose peut se traduire par des symptômes de sinusite ou de pneumonie ou simplement par des urates jaunes (la partie normalement blanche des selles est alors jaune moutarde). Cette maladie peut aussi entraîner la mort subite. Certains oiseaux n'ont aucun symptôme externe mais peuvent quand même transmettre la chlamydiae à d'autres. La chlamydiae psittacie peut contaminer l'humain et lui occasionner des problèmes respiratoires.

Même si elle est assez rare, la psittacose existe encore de nos jours; ce n'est pas une maladie légendaire comme certains éleveurs ou certains médecins le prétendent. Nous connaissons plusieurs personnes qui ont été affectées par cette maladie (confirmée par des tests de laboratoire). Certains malades n'ont manifesté qu'un «simple rhume» et d'autres, une pneumonie sévère. Les personnes âgées et les jeunes enfants ont un système immunitaire plus faible et sont donc plus sensibles à cette infection.

Ne vous inquiétez pas trop, car la psittacose est extrêmement rare chez le cockatiel; la plupart sont élevés en captivité dans nos régions et cette maladie est peu fréquente ici. Un cockatiel qui a été mis en contact avec des perroquets ou d'autres oiseaux fraîchement importés à la boutique d'animaux ou ailleurs pourrait cependant vous transmettre cette maladie. Il n'existe malheureusement, à ce jour, aucun test facilement accessible et fiable à 100 p. 100 pour détecter cette maladie chez le cockatiel. Certaines précautions sont donc conseillées:

- achetez un oiseau sain, sans aucun signe de problèmes respiratoires : écoulement, éternuement, narines bouchées, râles, etc.;
- assurez-vous que votre futur cockatiel n'a pas été en contact avec des perroquets d'importation et qu'il existe une politique de quarantaine pour les nouveaux oiseaux ;
- consultez un vétérinaire pour un examen aussitôt que possible après l'achat et faites tester votre oiseau pour la psittacose si votre vétérinaire le recommande.

Même s'il s'avérait que votre oiseau ait la psittacose, il n'est pas pour autant condamné. Nous disposons de diverses formes de traitements : moulée médicamentée, médicaments à administrer dans l'eau, par la bouche et en injections. Pour vous protéger, si vous soupçonnez cette maladie, changez le fond de la cage plusieurs fois par jour. En effet, la chlamydiae est le plus souvent excrétée dans les selles. Lorsque les selles deviennent sèches, la bactérie se retrouve sous forme de poussière dans l'air et peut vous contaminer. Isoler tout nouvel oiseau pour 30 à 45 jours.

Les fongus et les champignons

Les fongus et les champignons peuvent aussi causer des problèmes respiratoires chez votre cockatiel. L'aspergillose et la candidose sont les plus fréquents. Le diagnostic de ces maladies est très difficile à établir et le traitement est souvent décevant. Dans le cas de l'aspergillose en particulier, le taux de mortalité est très élevé, le traitement est long, coûteux et, malheureusement, les rechutes sont fréquentes.

Le principal facteur favorisant le développement des maladies à fongus et à champignons est *l'abus d'antibiotiques.* Les antibiotiques utilisés sans discernement détruisent non seulement les bactéries « pathogènes » (c'est-à-dire dangereuses) mais aussi les bactéries de la flore normale du cockatiel. Les bactéries de la flore jouent plusieurs rôles essentiels : certaines produisent des vitamines, d'autres aident à la digestion, en plus de protéger l'oiseau contre certains microbes, tels les fongus et les champignons. Nous avons vu des cockatiels souffrant initialement de problèmes non bactériens (tels des œufs retenus, des parasites, du diabète, un problème métabolique ou un empoisonnement) qui après avoir été traités par leur propriétaire avec un, deux ou même plusieurs antibiotiques, sont morts. Ce n'est pas la maladie primaire qui les a tués, c'est le traitement inapproprié qui a permis aux fongus et aux champignons d'envahir leur système respiratoire.

Votre cockatiel est entièrement dépendant de vous quant à sa survie. Vous êtes responsable de lui. Souvenez-vous que les traitements maison sont à éviter. Ils sont le plus souvent inadéquats et même parfois dangereux.

Les virus

Les virus peuvent contaminer le cockatiel. Les lignées de virus en cause sont spécifiques à l'oiseau et vous n'avez pas à craindre d'en être atteint. Ils sont peu fréquents, excepté chez les oiseaux soumis à un stress intense dans un environnement très contaminé, comme les stations de quarantaine. Les signes sont très variables : écoulements nasal et oculaire, éternuement, perte de la voix, problème de peau, etc.

Il n'existe pas de traitement pour détruire les virus. C'est le système immunitaire qui doit s'en charger. Les antibiotiques sont souvent utilisés, non pour traiter le virus, mais pour contrôler les infections bactériennes secondaires. Une bonne alimentation, un environnement calme et propre et de bons soins sont essentiels.

Le vaccin contre la maladie de Pacheco (une maladie virale mortelle) peut s'avérer particulièrement utile si votre cockatiel doit vivre avec plusieurs autres oiseaux. Les conures (sorte de perroquet) sont reconnus pour être des porteurs asymptomatiques de cette maladie (c'est-à-dire qu'eux-mêmes n'en souffrent pas). Malheureusement, ce vaccin a eu des effets secondaires graves et est maintenant réservé à des cas particuliers.

Certains vaccins sont en voie de développement. Ainsi, un vaccin contre le polyomavirus (maladie mortelle auprès des jeunes oiseaux) et un autre contre le PBFDS (*Psittacine Beak and Feather Disease Syndrome*) sont actuellement à l'étude.

Les hémorragies

Le volume sanguin d'un cockatiel est très petit comparé au nôtre. Le cockatiel moyen a environ 8 à 10 ml de sang en circulation. On pourrait prélever un peu moins d'un millilitre sans trop de problème (pour une analyse de sang, par exemple). Après une hémorragie, il est impossible de savoir avec précision la quantité de sang perdue par votre cockatiel. Considérez donc toute perte de sang de plus de quelques gouttes comme une urgence médicale.

Dans un cas d'hémorragie, suivez les règles suivantes :
1. Agissez rapidement mais avec douceur. Saisissez votre cockatiel à main nue ou avec une petite serviette, s'il a tendance à mordre.
2. Arrêtez le saignement (voir, plus loin dans ce livre, comment procéder pour chaque cas spécifique).
3. Mettez l'oiseau dans sa cage au calme et à la chaleur. Observez-le de loin.
4. Si l'oiseau semble déprimé, faible ou s'il a le plumage ébouriffé, s'il reste au fond de sa cage ou perd l'équilibre, prenez rendez-vous sans tarder avec le vétérinaire.
5. Si l'oiseau semble en pleine forme mais que le volume de sang perdu est important, ne prenez pas de risque et consultez votre vétérinaire. À la clinique, on pourra mesurer exactement la gravité de l'hémorragie en prélevant une petite quantité de sang (cela peut sembler paradoxal mais ne vous en faites pas, ce n'est pas ce minime prélèvement qui va empirer l'état de l'oiseau) et en l'analysant. Selon les résultats, on conseillera des injections de fer, de vitamine B_{12} ou de sérum et même une transfusion.

Les hémorragies des griffes

Il arrive parfois que, lors de la taille des griffes ou de la cassure accidentelle d'un ongle, la veine dans la griffe soit coupée. Si la griffe est vraiment coupée court, l'hémorragie peut être importante. Vous devez agir !

1. Appliquez de la pression avec vos doigts à la base de l'orteil dont la griffe saigne. Vous compressez ainsi la veine, et le sang va s'arrêter.

2. Attendez deux minutes (comptez mentalement : notre impatience de vérifier si l'hémorragie est arrêtée nous fait relâcher trop vite).

3. Relâchez la pression. Si le sang rejaillit, remettez de la pression et passez à l'étape suivante.

4. Si vous avez à la maison une poudre ou des bâtonnets coagulants, appliquez-en au bout de la griffe. Essuyez le sang auparavant car le coagulant ne peut agir s'il y a trop de sang.

5. Si vous n'avez pas d'agent coagulant, vous pouvez toujours utiliser de la farine ou du bicarbonate de sodium.

6. Si l'oiseau a perdu beaucoup de sang, consultez sans tarder un vétérinaire.

CONSEILS

- Si vous envisagez de couper vous-même les griffes de votre cockatiel, procurez-vous à l'avance un agent coagulant dans les boutiques d'animaux ou les cliniques vétérinaires.
- Ne coupez que la pointe de la griffe. Si les griffes sont très longues, coupez une petite tranche à la fois jusqu'à la longueur désirée (un quart de cercle).
- Si les griffes sont trop longues, elles peuvent rester accrochées aux perchoirs, à vos vêtements, aux barreaux ou ailleurs,

et se casser. C'est douloureux pour le cockatiel et cela peut entraîner une hémorragie importante. Faites-lui donc couper les griffes régulièrement.
• Un pain de savon pressé sur la griffe qui saigne peut aussi arrêter le sang de façon temporaire.

Les hémorragies du bec

Le bec est constitué d'un os supérieur (le maxillaire) et d'un os inférieur (le mandibule) recouverts de corne. Le bec pousse sans arrêt durant toute la vie du cockatiel. Chez un oiseau normal, la coupe du bec n'est pas nécessaire car les frottements de la partie supérieure du bec sur la partie inférieure suffiront à le maintenir à une bonne longueur.

Si votre oiseau a besoin d'une coupe de bec, faites-le examiner pour en déterminer la cause.

Le bec est très vascularisé, c'est-à-dire qu'il saigne facilement s'il est coupé trop court. La coupe de bec devrait donc être faite par une personne compétente seulement.

Si le bec de votre oiseau vous semble trop pointu (surtout lorsqu'il mord), limez-le plutôt.

Si, par accident, l'oiseau casse la pointe de son bec, il saignera beaucoup. Agissez vite!

1. Immobilisez la tête de l'oiseau en plaçant le pouce sous la partie inférieure du bec et les autres doigts autour de la tête. Attention aux morsures!
2. Appliquez de la pression au bout du bec avec une gaze ou une serviette propre pendant plusieurs minutes.
3. Appliquez-y ensuite une poudre ou un bâtonnet hémostatique (c'est-à-dire qui coagule le sang). Soyez délicat pour que le cockatiel n'en ingère pas, car ces produits sont toxiques.
4. Si la perte de sang a été importante ou si le cockatiel a de la difficulté à manger, consultez un vétérinaire.

Les hémorragies des plumes

Une plume en croissance contient une grosse veine. Si, par accident, cette plume se brise, elle saignera abondamment. C'est malheureusement un problème fréquent chez les cockatiels en période de mue. La plume en croissance (appelée aussi plume de sang) est courte, sa vrille est large et noire et elle est entourée, sur une partie de sa longueur, par une enveloppe fibreuse.

Une plume de sang brisée agit comme un tuyau. Tant que le bout de la plume reste attaché à l'aile, le sang s'écoule parfois jusqu'à ce que mort s'ensuive. Quelquefois, il se forme un caillot de sang au bout du tuyau de la plume et l'écoulement sanguin cesse temporairement. Aussitôt que le cockatiel bat des ailes, le caillot se détache et l'hémorragie recommence. Vous constaterez souvent une hémorragie de plumes en notant des gouttelettes de sang non seulement sur l'oiseau mais aussi partout sur les murs, les perchoirs et les montants de la cage. Une consultation chez le vétérinaire s'impose. Un oiseau peut mourir d'une hémorragie à cause d'une plume de sang cassée ou à cause de la maladresse d'un propriétaire qui n'a pas su l'extraire totalement. Si un accès à un vétérinaire est *vraiment impossible,* vous devez enlever cette plume vous-même. Voici comment:

1. Enveloppez l'oiseau dans une petite serviette ou un linge à vaisselle.
2. Essayez de trouver la plume responsable de l'hémorragie. Le plus souvent, il s'agit d'une plume au bout d'une aile ou, plus rarement, d'une plume de la queue.
3. S'il s'agit d'une aile, assurez-vous de maintenir fermement l'aile entre vos doigts. S'il n'est pas complètement immobilisé, le cockatiel peut se débattre et se fracturer l'aile. Soyez spécialement prudent avec les femelles en période de ponte, leurs os sont souvent affaiblis par l'importante demande en calcium que représente la formation d'un œuf.

4. Appliquez une ferme pression des doigts à la base de la plume, là où elle entre dans la peau ; à main nue ou à l'aide d'une pince, saisissez le tuyau de la plume et tirez fermement.

5. Assurez-vous que vous avez réellement extrait toute la plume.

6. Maintenez votre pression sur la peau pendant plusieurs minutes : plus la plume extraite est grosse, plus l'hémorragie mettra de temps à s'arrêter. Ne vous découragez pas. Continuez d'appliquer de la pression. Si vous avez réellement enlevé toute la plume, le sang arrêtera bientôt de couler.

7. N'appliquez jamais de produits coagulants sur la peau ; ces produits très irritants la brûleraient.

8. Lors de la taille d'ailes il est très important de ne jamais couper une plume en croissance, sinon une hémorragie s'ensuivra.

Les hémorragies cutanées

Un cockatiel peut parfois se déchirer la peau ou les pattes sur un objet coupant. Les hémorragies provoquées par des coupures se contrôlent en pressant une gaze propre sur la plaie. Si possible, placez un bandage sur la coupure. Laissez le bandage en place jusqu'à votre visite chez le vétérinaire. Ne le retirez pas pour vérifier si l'hémorragie a cessé.

Bien sûr, poser un bandage sur un cockatiel — à moins qu'il ne soit très faible — n'est pas chose facile. N'ayez pas peur de mettre du sparadrap en grande quantité. N'enlevez pas le bandage abîmé, rajoutez plutôt par dessus du nouveau sparadrap, sinon l'hémorragie risque de recommencer.

Les fractures et autres traumatismes aux membres

Par suite d'un violent choc (chute, cage décrochée, porte fermée sur une patte, maladresse humaine), un cockatiel peut avoir un membre cassé. Si sa patte est fracturée, l'oiseau boite et refuse souvent de se porter sur le membre blessé. S'il s'agit d'une aile, il la tient plus basse ou plus haute, est incapable de voler et tremble.

Les femelles cockatiels qui pondent régulièrement peuvent se fracturer les os en subissant des traumatismes mineurs si l'apport en calcium de la diète n'est pas adéquat. Il s'agira souvent de fractures multiples difficiles à guérir.

Dans le cas d'une fracture ouverte, c'est-à-dire quand l'os cassé transperce la peau, vous devez arrêter l'hémorragie en appliquant un bandage propre sur la plaie. Consultez un vétérinaire aussitôt que possible. S'il n'y a aucun saignement, n'essayez pas de poser vous-même un bandage ou une attelle. Vous pourriez aggraver le problème en manipulant inutilement le membre atteint.

Une fracture peut être traitée de plusieurs façons, selon le siège et la gravité du problème. On peut utiliser un bandage, un plâtre, une tige de métal dans l'os ou des cerclages métalliques. Un bon vétérinaire saura vous conseiller, car il n'existe pas de traitements universels. Dans bien des cas, le vol n'est pas indispensable au cockatiel domestique (par opposition aux oiseaux sauvages) ; le vétérinaire en tient compte dans son traitement.

Plusieurs cas de boiterie ou d'aile basse ne sont pas dus à des fractures ou à des luxations mais bien à des tumeurs. Même si le problème apparaît soudainement, un cancer peut en être la cause. Un œuf retenu peut aussi amener une paralysie d'un ou des deux membres postérieurs mimant un problème de fracture. La radiographie permettra de poser un diagnostic.

Les traumatismes dus à la bague de patte

Plusieurs cockatiels se font baguer par l'éleveur lorsqu'ils sont de très jeunes oisillons (voir p. 23-24). Cette bague, qui sert d'identification et de preuve de l'année de la naissance, n'est cependant d'aucune utilité pour votre cockatiel de compagnie et elle devrait être enlevée par une personne compétente dès que possible. Ne tentez pas de l'enlever vous-même, vous pourriez faire à l'oiseau beaucoup plus de tort que de bien et lui casser la patte.

N'oubliez pas que l'enflure due, par exemple, à une foulure apparaît très rapidement — en quelques heures. La bague qui, la veille, était assez grande peut, le lendemain matin, serrer la patte et la blesser de manière irréversible.

CONSEILS POUR LES PREMIERS SOINS

- Appliquez des compresses d'eau froide sur la patte atteinte ou mettez-la sous l'eau froide courante pour diminuer l'inflammation et l'enflure.
- Enroulez autour des perchoirs de l'oiseau une bonne couche de papier essuie-tout pour les rendre plus confortables.
- Demandez d'urgence un rendez-vous chez votre vétérinaire. Quelques heures peuvent faire la différence entre une patte simplement blessée et la nécessité d'amputer le membre atteint.
- Si vous pincez les doigts de l'oiseau et qu'il ne réagit pas, cela veut dire que le nerf de la sensibilité a été atteint et, trop souvent, l'animal perdra cette patte.
  Note : La majorité des oiseaux peuvent très bien vivre avec une patte en moins pourvu que les perchoirs soient adaptés : perchoirs plats et perchoirs rembourrés pour éviter les lésions à la patte restante. Cela ne signifie pas la condamnation à mort de l'oiseau.

Les brûlures

Les brûlures peuvent être causées par un objet chaud, un courant électrique ou des irritants chimiques. Le cockatiel, nous ne le répéterons jamais assez, ne doit jamais être laissé libre sans surveillance. S'il n'a pas les ailes taillées, les risques d'accident sont encore plus grands et il peut malheureusement atterrir sur la cuisinière aux éléments brûlants, dans l'eau de vaisselle ou dans une casserole. Il peut aussi se brûler la langue et la peau en grignotant les fils électriques ou en entrant en contact avec des produits toxiques.

Les brûlures sont très douloureuses, elles peuvent s'infecter et, si elles sont graves, l'oiseau peut même en mourir. Sauf dans les cas très mineurs, l'oiseau devrait recevoir l'attention d'un vétérinaire aussitôt que possible.

CONSEILS POUR LES PREMIERS SOINS

- Appliquez de l'eau froide sur la plaie pour diminuer la douleur.
- Si la brûlure résulte du contact avec un produit acide, appliquez-y un mélange constitué d'une partie d'eau tiède et d'une partie de bicarbonate de sodium.
- S'il s'agit d'une brûlure par un agent alcalin, vous pouvez y appliquer un peu de vinaigre.
- N'utilisez *jamais* de beurre, de gras ou d'onguent huileux. Si le cockatiel gratte sa plaie avec son bec ou ses griffes, essayez d'y appliquer un bandage propre. L'automutilation peut parfois empirer dangereusement un problème qui était mineur au début.
- Prenez rendez-vous chez le vétérinaire. Un antibiotique sera souvent nécessaire en plus parfois d'un bandage et d'un anti-douleur. Si les brûlures sont importantes, le vétérinaire pourra hospitaliser l'oiseau pour lui donner des traitements de support (sérum, vitamines, intubation). Des brûlures trop profondes peuvent entraîner la nécrose et la perte d'une partie du membre atteint. Si l'oiseau demeure capable de se percher, qu'il ait quatre ou deux doigts n'a aucune importance et il pourra très bien vivre de toute façon.

Les attaques par d'autres animaux

Le cockatiel est souvent considéré comme une proie par les quadrupèdes de la maison. Les chats, en particulier, pourront passer des heures à observer un oiseau, rêvant sans doute d'y planter leurs crocs. Bien peu, cependant, passeront à l'action et la plupart battront en retraite au premier coup de bec ou hurlement du cockatiel. Mais nous avons vu des oiseaux mordus ou griffés par des chats, des chiens, des furets et même des rongeurs (rats, souris, hamsters, etc.). Les furets sont particulièrement redoutables puisque la plupart ne se trouvent nullement effrayés même devant le plus défensif des cockatiels. Ces batailles ne se terminent cependant pas, en règle générale, par la mort de l'oiseau ; en outre l'attaquant lui-même s'en sortira rarement indemne (un bon coup de bec peut percer la peau).

Peu importe la gravité des blessures subies par le cockatiel, dès qu'il y a eu contact entre le sang de l'oiseau et les griffes ou les dents d'un mammifère, la situation est grave. En effet, certaines bactéries qui font partie de la flore normale du mammifère peuvent être transmises de cette façon. Le chien ou le chat n'a pas besoin d'être malade pour représenter un danger pour votre cockatiel ; leurs bactéries passent dans le sang de l'oiseau (une égratignure suffit !), s'y multiplient et peuvent entraîner la mort dans les deux à quatre jours.

Sans un traitement immédiat avec l'antibiotique approprié, la majorité des cockatiels succombent à cette infection. Même avec le médicament, tous ne survivent pas, le plus souvent parce que leur propriétaire a trop attendu avant de consulter un vétérinaire. Agissez donc sans tarder.

CONSEIL POUR LES PREMIERS SOINS

- Arrêtez l'hémorragie, s'il y a lieu.
- Désinfectez les plaies avec de la teinture d'iode à 1 p. 100.

- Si nécessaire, appliquez un bandage propre sur la plaie pour empêcher l'oiseau d'y toucher.
- Prenez rendez-vous immédiatement avec votre vétérinaire. Expliquez-lui qu'il s'agit d'une blessure infligée par un autre animal. Vous pourrez ainsi être reçu en priorité à la clinique.
- Même si l'oiseau ne semble pas s'en porter mal, même s'il n'a qu'une blessure superficielle, n'attendez pas! Lorsque l'oiseau sera au fond de la cage, tout gonflé, ce qui risque d'arriver 24 ou 48 heures après l'attaque, il sera souvent trop tard pour le sauver même avec les meilleurs soins médicaux.

  Tous les cockatiels ne réagissent pas de la même manière; certains ne seront pas malades. Mais pourquoi prendre le risque?

Les empoisonnements

L'ingestion de substances toxiques est un accident fréquent chez les cockatiels, curieux et explorateurs, qui ont l'habitude de tout mettre dans leur bec pour goûter, jouer et gruger. La plus grande vigilance s'impose.

Nous ne pouvons dresser ici la liste complète de toutes les substances toxiques pour votre oiseau, ce serait beaucoup trop long, mais voici quelques recommandations.

1. Tous les produits identifiés comme poison pour les humains sont également dangereux pour les oiseaux.
2. Les plantes et les fleurs attirent particulièrement le cockatiel; malheureusement, plusieurs sont toxiques. Il peut cependant être difficile d'identifier une plante (donc de vérifier si elle est considérée comme dangereuse) parce que, entre autres raisons, la liste des plantes vénéneuses s'allonge chaque année. On ignore encore si certaines plantes sont dangereuses ou non pour les oiseaux. Nous vous recommandons de considérer

toutes les fleurs et toutes les plantes comme une source de poison et d'en interdire l'accès à votre oiseau.

3. Les insecticides, les herbicides, les produits de nettoyage, les colles, les teintures, les peintures et les solvants sont particulièrement dangereux.

4. Le tabac, l'alcool, les médicaments et les drogues sont des causes fréquentes d'empoisonnement. Ne les laissez pas à la portée de votre oiseau.

5. Les métaux, comme le plomb, le cuivre ou le zinc, peuvent empoisonner votre cockatiel même s'il n'en ingère qu'une quantité minime. On retrouve du plomb dans certaines peintures, dans les soudures, les crayons à mine, l'encre, certains bijoux, les poids de lignes à pêche. Le cuivre, lui, est présent notamment dans les fils électriques et téléphoniques, les encadrements dorés et les objets décoratifs en cuivre.

6. Les émanations de peinture, de solvant, de gaz, d'insecticide… peuvent être absorbées par les fragiles voies respiratoires du cockatiel et ainsi l'empoisonner. Les ustensiles de cuisine à revêtement de téflon, s'ils sont laissés sur un feu trop vif, vont aussi dégager des vapeurs souvent mortelles pour l'oiseau.

Signes d'empoisonnement

Les signes d'empoisonnement diffèrent selon la nature du poison, la quantité ingérée et le temps écoulé depuis l'ingestion. On pourrait observer des cas de:

- diarrhée verdâtre et régurgitation;
- sang dans les selles (cuivre et plomb);
- faiblesse et dépression;
- convulsions, perte d'équilibre, perte de vision;
- choc et décès.

Il est difficile, en se fiant aux symptômes externes, de poser un diagnostic d'empoisonnement. Soyez attentif et, si votre cockatiel est malade, essayez de vérifier si vous ne pourriez pas trouver une source de poison. Certains poisons s'accumulent dans l'organisme et ne seront toxiques qu'après une ingestion répétée (l'arsenic en est un exemple tristement célèbre). Le fait que votre cockatiel grignote telle plante ou telle peinture murale depuis plusieurs semaines sans symptômes d'empoisonnement ne signifie pas une absence de danger. C'est peut-être une question de temps avant que le poison n'agisse… Si vous soupçonnez un empoisonnement, réagissez vite! N'attendez pas pour voir comment ça ira demain… votre cockatiel sera peut-être mort!

TRAITEMENTS

1. Enlevez de sa portée la source de poison.
2. Gardez l'oiseau au calme et à la chaleur.
3. Consultez un vétérinaire. Amenez-lui, si possible, un échantillon du poison, des selles et de toute régurgitation.
4. Si vous ne pouvez absolument pas consulter immédiatement un vétérinaire et si l'oiseau est conscient, vous pouvez peut-être temporairement l'aider en lui donnant, à l'aide d'un compte-gouttes, ½ à 1 cc (⅛ à ¼ de cuillerée à soupe) d'un mélange fait d'une partie de blanc d'œuf cru pour une partie d'un antidiarrhéique à base de kaolin et de pectine (genre Kaopectate).
5. Les empoisonnements dus à certains poisons, en particulier le plomb et le cuivre, doivent être traités à l'aide d'un antidote spécifique que votre vétérinaire devra injecter à l'oiseau pendant plusieurs jours.

D'autres cas peuvent réclamer l'injection de fluides et de corticostéroïdes, des lavages d'estomac, des intubations avec du charbon activé et une hospitalisation de quelques jours.

La prévention est essentielle. Surveillez votre oiseau et éloignez de lui toutes les sources possibles d'empoisonnement. Si vous devez vernir, peinturer, utiliser des insecticides ou des désinfectants puissants, sortez d'abord le cockatiel de votre maison.

Les maladies du foie, des reins, du pancréas et d'autres organes

Tous les organes internes d'un cockatiel peuvent être éventuellement atteints de maladies. Les causes sont multiples : bactérie, virus, fongus, cancer, toxine, problème métabolique, etc. Comme on ne voit pas ces organes lors de l'examen physique et comme les signes d'atteinte interne sont très variables, il est difficile de poser un diagnostic.

Souvent l'oiseau aura des symptômes très vagues, comme une diminution ou une augmentation de l'appétit, une perte de poids, une diminution de l'activité, des selles plus liquides, des urates plus jaunes.

Le vétérinaire aura souvent besoin de recourir à des examens du sang et à des radiographies pour poser son diagnostic. Les maladies du foie sont les plus fréquentes et dues pour une bonne part à une diète trop riche en gras. L'excès de gras se dépose dans le foie et détruit les cellules normales (le foie gras que nous mangeons en pâté est en fait le foie d'oiseaux gavés avec une nourriture trop grasse). La surconsommation de graines de tournesol prédispose le cockatiel à cette maladie.

Le traitement variera selon la cause de la maladie et l'organe atteint. N'attendez pas pour consulter un vétérinaire si votre oiseau ne semble pas frais et dispos, car plusieurs lésions aux organes internes sont irréversibles.

Les bosses et les enflures

Tous les jours, prenez le temps d'examiner, même rapidement, l'apparence externe de votre cockatiel. Y a-t-il des plumes déplacées, des enflures étranges, des endroits où l'oiseau se gratte excessivement ? Si oui, votre oiseau a évidemment un problème, mais lequel ?

Cela est beaucoup plus difficile à dire! Seul le vétérinaire peut adéquatement identifier et traiter les problèmes d'enflure. Parfois, l'examen physique peut suffire, d'autres fois, il sera nécessaire de procéder à des ponctions, ou biopsies des masses. Toute bosse n'est pas nécessairement un abcès ou une tumeur! Voici quelques-unes des causes d'enflure les plus fréquentes.

Les hématomes

Un hématome est une accumulation de sang sous la peau.

Les hernies

Une hernie est le passage d'un organe en dehors de sa cavité normale; les femelles qui pondent beaucoup en sont fréquemment atteintes.

Les plumes enkystées

Très rare chez le cockatiel, ce problème semble héréditaire.

L'emphysème sous-cutané

Il s'agit d'une accumulation d'air sous la peau par suite de la rupture d'un sac aérien ou d'un os creux.

Les abcès

Les abcès (accumulation de pus) sont assez fréquents chez les cockatiels. Chez les oiseaux, contrairement aux mammifères, le pus n'est pas liquide mais le plus souvent solide (comme du fromage à pâte ferme). Un abcès sera donc une masse dure, bien localisée et parfois douloureuse.

On les observe le plus souvent au-dessus des yeux, à la gorge, dans la bouche ou sous les pattes. L'hypovitaminose A prédispose aux abcès.

Si possible, un abcès devrait être ouvert et vidé de son pus puis nettoyé à l'aide d'une solution antibiotique. Le vétérinaire suggérera souvent une culture de ce pus pour identifier la bactérie responsable. Le cockatiel recevra des antibiotiques systémiques pendant plusieurs jours et des suppléments de vitamine A, si nécessaire.

Les abcès sous les pattes sont *très* difficiles à traiter et même souvent incurables ; on parle alors de pododermatite ou, pour reprendre le terme anglais très employé, de *bumble foot*. Les cockatiels obèses sont spécialement prédisposés à ce problème très sérieux. Les abcès dans la bouche ou sur la langue sont aussi dangereux. Ils peuvent devenir si gros qu'ils étouffent l'oiseau.

N'attendez pas avant de consulter un vétérinaire et n'essayez pas d'antibiotiques sans ordonnance.

Les tumeurs

Les tumeurs sont malheureusement extrêmement fréquentes chez les oiseaux. La durée de vie d'un cockatiel est assez longue (15 à 18 ans) et plus il vieillit, plus les risques de cancer augmentent (même si de jeunes oiseaux sont parfois atteints).

Les tumeurs peuvent revêtir des couleurs, des formes, des consistances et des sièges extrêmement variables. En bref, cela peut ressembler à n'importe quoi !

Une tumeur peut être bénigne (c'est-à-dire non cancéreuse). Une tumeur bénigne, même si elle peut parfois réapparaître au même endroit après avoir été enlevée, n'envahira pas les organes internes de l'oiseau et, en règle générale, n'entraîne pas la mort de l'oiseau. Une tumeur maligne par contre va envahir lentement l'organisme du cockatiel et le tuer à plus ou moins longue échéance. Il est donc important de les distinguer.

TRAITEMENT

Toutes les masses suspectes devraient être enlevées par intervention chirurgicale, si cette intervention est possible, sinon on pratique une biopsie — on prélève un petit morceau de la masse pour l'analyser. Un échantillon de la tumeur sera envoyé à un laboratoire pour qu'on puisse l'identifier.

Il n'existe pas de traitement pour tous les cancers chez l'humain, n'attendez donc pas de miracle de votre vétérinaire. Si ce dernier pouvait guérir le cancer, il aurait sûrement reçu le prix Nobel! Malheureusement, les masses internes sont très difficiles à exciser et on doit parfois euthanasier un oiseau cancéreux pour mettre fin à ses souffrances.

L'obésité

Nous incluons l'obésité dans les problèmes de bosses et de masses parce que certains cockatiels trop gras donnent réellement l'impression d'être couverts de bosses. L'obésité amène des problèmes de cœur, de foie et de peau; elle devrait être considérée, et traitée, comme une maladie. Le développement de certaines tumeurs appelées «lipomes» (c'est-à-dire dépôt de lipides, donc de gras) est directement relié à l'obésité. Vous noterez alors des masses fermes et jaunâtres au niveau du thorax et de l'abdomen. En règle générale, ces tumeurs sont bénignes mais peuvent gêner le cockatiel au point qu'il ne puisse plus voler, qu'il s'automutile ou qu'il ait de la difficulté à déféquer, l'anus étant bloqué par le gras. Le cockatiel trop gras pourra aussi souffrir de problèmes aux pattes ou de difficulté à pondre.

TRAITEMENT

Vous devez diminuer les graines riches en gras (surtout le tournesol), augmenter l'apport de fruits et de légumes, inciter l'oiseau à pendre plus d'exercice... et être patient! Le cockatiel gourmand privé de nourriture pourra crier pour exiger ses graines. Pensez à sa santé et ne capitulez pas ! Enfin, les gros lipomes devront être excisés.

Les maladies du foie sont très fréquentes chez le cockatiel trop gras. Une radiographie sera souvent nécessaire pour diagnostiquer le problème. Il existe des médicaments pour aider à guérir cette maladie, mais le traitement est long et souvent décevant. Prévenez plutôt ! Ne suralimentez pas votre oiseau. Faites-le examiner annuellement pour juger de l'état de ses chairs et ne lui donnez pas trop de graines de tournesol.

Les problèmes reliés aux plumes

Avant de voir les conditions pathologiques des plumes, nous devons comprendre la mue normale.

Qu'est-ce qu'une mue normale ?

Certaines personnes mal renseignées considèrent la mue comme une maladie et s'empressent d'utiliser des produits « contre la mue » ou aspergent leur oiseau de différents médicaments, tels l'antimite et l'antipicage.

Ces produits sont complètement inutiles lors de la mue et peuvent parfois être nocifs ; les insecticides contenus dans les produits anti-mites, par exemple, sont dangereux : mal dosés, ils peuvent intoxiquer l'oiseau.

La mue est un phénomène *normal* (et non une maladie) qui se produit deux fois par année. L'oiseau perd alors graduellement sur une période de plusieurs semaines toutes ses anciennes plumes qui sont remplacées au fur et à mesure par des nouvelles. Dans la nature, le cockatiel mue au printemps et à l'automne. En captivité, il est important d'essayer de respecter ce rythme en diminuant les heures de lumière pendant l'automne et en les augmentant au printemps. Comme cela n'est pas toujours possible, votre cockatiel peut parfois muer une seule fois ou, au contraire, trois fois ou plus par année. Certains facteurs émotionnels peuvent aussi déclencher la mue, tels un déménagement, la coexistence avec un nouvel animal, une frayeur intense, etc.

Dans tous les cas de mue normale, vous ne devriez jamais voir de zones déplumées, sauf parfois au sommet de la tête, et l'oiseau devrait rester actif et plein d'entrain. Bien sûr, il semblera se gratter plus qu'habituellement parce qu'il doit enlever avec son bec le cylindre de kératine (la couche dure et transparente) qui recouvre chaque nouvelle plume. Cela explique l'importante quantité de «pellicules» que vous retrouverez au fond de la cage durant la mue. Il s'agit en fait de l'écorce des plumes, et non de parasites ou de peaux séchées. Les cockatiels sont des oiseaux dits «poussiéreux», c'est-à-dire qu'ils produisent, normalement et à longueur d'année, beaucoup de fines poussières blanches; ce sont des débris des plumes et de la peau. Lorsque de nouvelles plumes repoussent sur la tête de l'oiseau, il ne peut évidemment les atteindre avec son bec et ces plumes resteront beaucoup plus longtemps dans leur enveloppe de kératine. Votre cockatiel pourra donc temporairement arborer une coiffure «punk», c'est-à-dire avoir la tête couverte de piquants. Ne vous inquiétez pas, ce ne sont que de nouvelles plumes qui peuvent même avoir, au début de leur croissance, une jolie couleur rouge. Si votre cockatiel aime que vous lui caressiez la tête, vous pouvez délicatement presser sur ces plumes et ainsi briser l'écorce de kératine. S'il crie ou recule, c'est que la plume était trop jeune et encore sensible. Attendez un peu. Lors de la mue, certaines précautions sont cependant à prendre.

1. Augmentez la température ambiante. Le cockatiel en mue a moins de plumes et est donc plus sensible au froid.
2. Diminuez le stress, la mue peut être un moment difficile et le système immunitaire de l'oiseau est plus faible.
3. Assurez-vous que sa nutrition est meilleure que jamais et qu'il reçoit quotidiennement des suppléments de vitamines et de minéraux. Si la mue est importante, vous pouvez aider l'oiseau en augmentant sa dose de vitamines.

Les maladies du plumage

Si le plumage de votre cockatiel présente des anomalies, comme des plumes déformées, coupées ou cassées, des zones déplumées, ou recouvertes du seul duvet, ou si l'oiseau perd constamment des plumes depuis plusieurs mois et se gratte de façon excessive, il ne s'agit pas d'une mue normale.

Les causes des anomalies du plumage sont multiples mais on peut sommairement les classer en quatre catégories.

1. *Les maladies de peau comme les infections, le cancer, les plumes enkystées, les allergies et les folliculites*

Le cockatiel est spécialement sensible aux affections de la peau. Un environnement trop sec ou trop humide, une mauvaise hygiène de la cage, une carence en vitamines, le manque de bain et une certaine prédisposition héréditaire sont des facteurs déterminants. On voit surtout des cas de *dermatite*: peau sèche et rougie, plumes arrachées, démangeaison, perte de plumes; des cas de *folliculite*: peau très irritée, démangeaison menant même à des plaies, groupement de plusieurs plumes sortant du même follicule ou poussant sous la peau; ou des cas de *dermatite nécrotique humide*: peau avec plaie suintante surtout sous les ailes, démangeaison extrême, saignement, etc. Ces problèmes sont sérieux et seul un vétérinaire pourra poser un diagnostic et prescrire le traitement approprié. Malheureusement, plusieurs de ces maladies sont incurables.

2. *Les affections dues à des parasites externes tels les mites et les poux*

Les parasites externes sont rares chez le cockatiel. Il peut être contaminé lorsque vous l'achetez (même si les signes de perte de plumes n'apparaissent que plusieurs mois plus tard), lors de contacts avec d'autres oiseaux ou si vous le sortez à l'extérieur. Certains parasites sont visibles à l'œil nu; dans ce cas, recueillez un spécimen (vous pourrez

Cockatiel gris, cockatiel lutino et cockatiel perlé
Pages suivantes : cockatiel lutino, cockatiels perlés et cockatiel gris

Cockatiel lutino

par exemple appliquer un papier collant sur le parasite pour l'immobiliser et le conserver) et amenez-le pour que le vétérinaire l'identifie et vous suggère le traitement approprié. D'autres parasites vivent sous la peau ou dans le follicule des plumes et ne peuvent être isolés ; certains sont si petits que seul un examen microscopique pourra les déceler. Le traitement varie selon l'espèce de parasites en cause.

Si vous n'êtes pas certain que votre cockatiel a des parasites, ne le traitez pas avec des médicaments vendus sans ordonnance si le vétérinaire ne vous les a pas recommandés.

Ces parasites ne sont pas dangereux pour l'humain ou les autres mammifères. Votre vétérinaire pourra traiter l'oiseau grâce à des injections ou des médicaments topiques ou par la bouche très efficaces et beaucoup plus sécuritaires que les poudres ou les aérosols vendus dans les boutiques d'animaux.

3. *Les problèmes internes, tels les affections du foie, les déséquilibres hormonaux, les maladies virales et bactériennes, les parasites internes et la malnutrition*

Un parasite interne appelé « giardia » est spécialement à redouter. Difficile à traiter et à diagnostiquer, il est souvent cause de picage chez le cockatiel.

4. *Les problèmes d'origine émotionnelle, par exemple le cockatiel qui arrache ou abîme ses plumes pour des raisons purement psychologiques*

Ce problème est malheureusement assez fréquent et difficile à résoudre. (Voir p. 131.)

Même si certains de ces problèmes sont bénins, vous devriez toujours consulter un vétérinaire lorsqu'une anomalie du plumage se présente. Peut-être vous inquiéterez-vous sans raison et ne s'agira-t-il que d'une mue normale, un peu rapide, ou d'une banale parasitose, mais votre cockatiel pourrait aussi être atteint d'une maladie grave.

Pourquoi votre oiseau a-t-il un plumage terne et abîmé ?

Plusieurs cockatiels, par ailleurs bien portants, n'ont comme seul défaut qu'un plumage sec, effiloché et sans éclat. Les raisons en sont nombreuses.

1. L'oiseau a eu les ailes taillées et persiste à tenter de voler. Les chutes au sol abîment les grandes plumes de la queue qui se cassent et restent courtes.

2. Certains bébés cockatiels séparés très jeunes de leurs parents pour être nourris à la main par l'éleveur n'ont tout simplement pas eu le temps d'apprendre comment entretenir leur plumage. En effet, certains comportements sont « acquis », c'est-à-dire qu'ils n'apparaissent que si le jeune peut observer l'adulte. Le jeune cockatiel qui ne sait pas comment lisser son plumage devrait être gardé pour quelque temps non loin d'oiseaux adultes. Il apprendra vite à les imiter.

3. Votre cockatiel souffre de malnutrition. La mauvaise alimentation est en effet la principale raison expliquant le plumage terne. Vérifiez donc soigneusement si votre oiseau reçoit tous les éléments nécessaires à un régime équilibré.

4. Si, lors de la mue, l'oiseau a subi un stress important, tels un changement de maison, une maladie ou une variation brusque du régime alimentaire, ses plumes seront striées de petites lignes noires horizontales qu'on appelle « lignes de stress ». Seule une mue subséquente sans problème remplacera les plumes abîmées par d'autres plumes intactes.

5. Il arrive malheureusement que certains oiseaux aient un mauvais plumage à la suite de l'application, sans discernement, de certains produits et de médicaments. Toutes les substances huileuses (onguent, crème, huile, corps gras) devraient être évitées. Elles rendent les plumes grasses et collantes et le plumage de l'oiseau n'est alors plus efficace comme protection contre le froid. De plus, l'oiseau peut ingérer ces produits en se lavant et s'intoxiquer.

Un plumage abîmé peut aussi être causé par de la mutilation.

Mon oiseau s'arrache les plumes, que faire?

La plainte la plus fréquente concernant le problème relié au plumage est sans nul doute la suivante: «Mon oiseau se gratte et il s'arrache les plumes.» L'oiseau qui présente ces symptômes commence par avoir un peu moins de plumes sous les ailes ou sur les cuisses pour plus tard n'être couvert que de duvet sur tout l'abdomen et, finalement, être complètement dénudé, à l'exception de la tête (il lui est impossible de s'arracher les plumes sur la tête!). N'attendez pas que votre cockatiel ressemble à un poulet prêt à cuire pour agir.

- Consultez un vétérinaire. Selon le cas, des analyses sanguines, des cultures de bactéries, des radiographies et même des biopsies de la peau peuvent être nécessaires pour diagnostiquer la cause du problème.
- Les causes les plus fréquentes de picage sont les désordres émotionnels, les maladies internes et les maladies de peau. Les parasites externes, quoique fréquemment soupçonnés, sont assez rares chez le cockatiel (voir p. 132). Si toutes les analyses de laboratoire sont normales, cela signifie que votre cockatiel s'arrache les plumes pour des raisons psychologiques. Dans ce cas, le traitement peut être long et difficile. Vous devez premièrement essayer de modifier son environnement, changer la cage de place, passer plus de temps avec lui, lui acheter de nouveaux jouets, améliorer sa nutrition… Trop souvent, cependant, ce qui lui manque vraiment, c'est un compagnon du sexe opposé et, bien sûr, il ne vous est pas toujours possible de combler ce désir. Parfois aussi, le cockatiel commencera à s'automutiler à la suite d'un changement brusque de sa routine habituelle (déménagement, nouvelle cage, nouvel animal dans la maison) et même si vous corrigez la situation (en le remettant dans son ancienne cage, par exemple), il peut avoir pris l'habitude de s'arracher les plumes et continuera à se mutiler, comme certaines personnes se rongent les ongles sans même s'en rendre compte.

Les produits antipicage, à base de produits répulsifs, qu'on vaporise sur le plumage sont rarement efficaces et certains sont toxiques. On peut toujours essayer un collier d'Élisabeth (sorte de cône accroché dans le cou de l'oiseau et qui lui bloque l'accès à son plumage). Le collier devrait être laissé en place pour une période de six à huit semaines. Cependant, près de 50 p. 100 des cockatiels recommencent de plus belle à se mutiler dès que le collier est enlevé.

Le collier devrait idéalement être mis en place par un vétérinaire, qui aura préalablement vérifié qu'aucun problème physique n'est en cause. Il serait en effet réellement cruel de mettre un collier à un oiseau qui se gratte pour se soulager ; avec le collier, il ne pourra évidemment plus se mutiler, mais la démangeaison persistera et il souffrira beaucoup.

Certains cockatiels refusent de vivre avec une telle prothèse et cessent complètement de s'alimenter ; c'est pourquoi, après la pose du collier, nous recommandons une période d'observation de 24 à 48 heures à l'hôpital pour s'assurer que tout va bien. Dans certains cas, le collier ne résiste pas au cockatiel : nous en avons vu détruire le leur en quelques minutes, quel qu'en fut le modèle ! Depuis peu, certaines médications anti-psychotiques développées pour les humains souffrant de manie et de troubles obsessifs compulsifs sont à l'essai chez les oiseaux qui font du picage. Les résultats sont actuellement mitigés mais il y a de l'espoir.

Les parasites externes

Les parasites externes (mites et poux) sont rares chez les cockatiels.

Plusieurs infestations parasitaires peuvent être éliminées à l'aide d'un médicament injectable (Ivermectin). La cage devra toujours être bien désinfectée.

Comme nous en avons discuté précédemment, ne concluez pas sur le champ qu'un cockatiel qui se gratte a des parasites ; c'est en réalité une des causes les moins fréquentes du picage.

Par contre, certains oiseaux parasités n'auront presque pas de symptômes.

Les parasites internes

Les vers ronds, les vers plats, les douves et les protozoaires, entre autres la giardia, peuvent parfois infecter le cockatiel. Ces parasites peuvent entraîner un amaigrissement chronique, de l'anémie, du picage, de la diarrhée et même la mort.

Faites donc analyser les selles de votre cockatiel. Si nécessaire, le vétérinaire prescrira un parasiticide approprié.

Les problèmes de la reproduction

Le cockatiel se reproduit bien en captivité et c'est un véritable plaisir de voir mâle et femelle s'accoupler, se relayer pour prendre soin des œufs et nourrir les jeunes ; on peut ainsi observer la croissance des fragiles oisillons jusqu'à l'âge adulte.

Néanmoins, de nombreux problèmes sont reliés au fort instinct de reproduction de cet oiseau.

Le picage

C'est le cas de l'oiseau qui s'arrache des plumes parce qu'il est frustré dans son instinct de reproduction : il n'a pas de partenaire du sexe opposé ou, s'il en a un, ce dernier refuse de s'accoupler, il n'a pas de nid, son milieu est trop stressant, la durée de la photopériode est inadéquate, etc.

Problèmes chez le mâle
La vocalisation excessive

Le cockatiel mâle gardé en solitaire pendant la période de reproduction (printemps surtout) a tendance à être très bruyant. Ses cris stridents et répétitifs pour appeler la femelle sont difficilement supportables.

- Couvrez la cage pendant quelques heures l'après-midi pour briser le cycle de photopériode normale et calmer l'oiseau. Cependant, n'abusez pas de cette punition.
- Accordez plus d'attention à l'oiseau. Cependant, ne l'encouragez pas à crier en accourant immédiatement auprès de lui. Attendez qu'il soit calme, et alors seulement, pour le sortir de la cage.
- Achetez une femelle ou des bouchons d'oreilles! Hélas! la plupart du temps, la vocalisation excessive se révèle incorrigible et vous devrez vous accommoder de ce trait de caractère de votre oiseau.

LA MASTURBATION

Quoique ce comportement soit assez rare, certains cockatiels mâles «frustrés» ont tendance à sublimer leur instinct de reproduction en mimant la copulation, se frottant rythmiquement la queue sur leurs perchoirs ou sur la main de leur propriétaire lorsqu'ils lui sont très attachés. Ce comportement gêne plus qu'il ne dérange.

SOLUTIONS

- Remettez votre cockatiel dans sa cage s'il a tendance à vous considérer comme une femelle à accoupler.
- Laissez faire la nature!

L'AGRESSIVITÉ

En période de rut, le cockatiel mâle peut faire montre d'une agressivité déplacée envers votre conjoint ou vos enfants, entre autres personnes. Jaloux, il repousse toute caresse des autres et peut même vous mordre si vous ne lui accordez pas toute votre attention. S'il vit avec une femelle qui couve ou qui s'occupe de ses jeunes oisillons, le cockatiel mâle peut être désagréable et attaquer tant la femelle que les jeunes s'il recherche l'accouplement.

SOLUTIONS

- Si le mâle est agressif, séparez-le de la femelle ou des jeunes.
- N'encouragez pas l'attachement exclusif de votre oiseau à une seule personne de la maisonnée.
- S'il vous mord, vous ou un membre de la famille, ne lui montrez pas votre douleur; obligez-le à venir sur votre doigt et parlez-lui gentiment jusqu'à ce qu'il se calme. Remettez-le ensuite dans sa cage.

Problèmes chez la femelle

LA VOCALISATION EXCESSIVE, LA MASTURBATION ET L'AGRESSIVITÉ

Ces problèmes fréquents chez le mâle existent aussi occasionnellement chez la femelle. (Voir p. 133.)

LES ŒUFS RETENUS

Il peut arriver qu'une femelle cockatiel ne puisse pondre son œuf pour différentes raisons : elle est trop âgée ou trop jeune, son œuf est trop gros ou difforme, elle manque de calcium, son environnement est inadéquat, etc. Un œuf normal est formé et expulsé en 26 heures environ ; s'il séjourne dans l'abdomen depuis plus de 36 heures, c'est anormal et on parle alors d'œuf retenu. L'oiseau se tient au fond de la cage ou dans le nid, a l'abdomen distendu, fait des efforts pour déféquer et ne semble pas à son aise ; il sera parfois paralysé même. Si vous soupçonnez que c'est le cas de votre cockatiel, consultez un vétérinaire. Une radiographie pourra confirmer le diagnostic. Selon le cas, des injections de calcium, une extraction manuelle ou une césarienne pourront être recommandées.

Si vous ne pouvez consulter immédiatement un vétérinaire, mettez votre oiseau dans un environnement chaud (30 °C) et augmentez le taux d'humidité ambiante. Si l'oiseau est alerte et accepte de manger, offrez-lui du fromage ou du yogourt ; ils constituent une bonne source de calcium.

N'essayez pas d'extraire l'œuf vous-même. Des manipulations inadéquates pourraient le casser dans l'utérus et provoquer la mort du cockatiel.

Les prolapsus de l'utérus

Si vous notez une boule rougeâtre et sanguinolente pendue à l'anus de votre cockatiel femelle, il s'agit probablement d'un prolapsus de l'utérus qui peut, ou non, contenir un œuf. C'est un problème extrêmement grave, souvent mortel, et nécessitant l'intervention immédiate d'un vétérinaire.

Le prolapsus est en fait la descente à l'extérieur du corps de l'oiseau d'une partie de son utérus. On note ce problème à la suite d'une ponte particulièrement difficile quand l'oiseau a dû faire de gros efforts pour expulser l'œuf. Parfois, l'œuf se trouve encore dans l'utérus prolapsé. Une ponte excessive, un manque de calcium dans l'alimentation et une trop faible humidité ambiante sont quelques-uns des facteurs prédisposant à ce problème. Le vétérinaire devra, s'il y a lieu, extraire l'œuf puis replacer l'utérus dans la cavité abdominale, si l'utérus n'est pas trop endommagé ni infecté ; sinon, l'hystérectomie (l'ablation de l'utérus) sera nécessaire. Des antibiotiques et des traitements de support seront également requis pendant plusieurs jours. Le taux de mortalité à la suite de cette affection est malheureusement élevé même avec les meilleurs soins.

LA PÉRITONITE

L'inflammation de la cavité abdominale, par suite de la rupture d'un follicule (le jaune de l'œuf), est un trouble souvent fatal. Le follicule peut se rompre à la suite d'un traumatisme, de manipulations trop brutales et même, parfois, sans cause évidente. Malgré des traitements intensifs, le taux de mortalité est élevé.

LA PONTE EXCESSIVE

Une femelle cockatiel qui pond de façon régulière deux nichées de trois à cinq œufs, deux fois par an, n'aura, le plus souvent, aucun problème relié à la ponte si son alimentation est bien équilibrée. Par contre, d'autres femelles semblent vouloir établir un record Guiness en pondant parfois plus de 50 œufs par an ! Nous considérons qu'une ponte est excessive lorsque plus de huit œufs de suite sont pondus à un ou deux jours d'intervalle ou lorsqu'on assiste à plus de cinq couvées par année. Les dangers reliés à cet excès d'œufs sont réels : épuisement physique de la femelle, œuf retenu, prolapsus utérin, péritonite, fracture d'un membre dû au manque de calcium, paralysie, etc.

QUE FAIRE ?

Bien des femelles pondeuses ne vivent avec aucun mâle aux alentours. Bien sûr, l'œuf n'est alors pas fertile, et notre premier réflexe est de le jeter. Surtout pas ! Il faut plutôt :

- Laissez les œufs sur place. Si l'oiseau a pondu, mettez les œufs dans une soucoupe lorsque la femelle en aura de trois à cinq. Elle va les couver le temps requis (21 jours). Si elle est avec un mâle, peut-être aurez-vous des oisillons, sinon, la femelle va abandonner les œufs infertiles après ce temps, et vous pourrez alors les jeter. Son instinct de reproduction ayant été partiellement satisfait, dans la majorité des cas, elle ne pondra plus pendant plusieurs mois.
- Si l'oiseau ne s'occupe pas de ses œufs et que le nid ressemble à une future omelette pour un régiment, vous devrez alors tenter de distraire l'oiseau :
  - en déplaçant la cage ;
  - en mettant votre oiseau quelque temps en pension chez des amis ;
  - en couvrant la cage pendant quelques heures, l'après-midi ;
  - en lui achetant un compagnon, si ce n'est déjà fait.
- Si aucune de ces stratégies n'aboutit à l'arrêt de la ponte, vous devrez alors veiller à ce que l'apport de vitamines et de minéraux — le calcium et la vitamine D_3 surtout — soit optimal. Les aliments suivants se révèlent essentiels : os de seiche ou bloc minéral, suppléments vitaminiques et minéraux dans l'eau ou la nourriture, écailles d'huîtres, fromage, lait, yogourt, écailles d'œufs broyées.

Vous aurez parfois à faire face à un cruel dilemme : satisfaire le désir de votre cockatiel en lui présentant un mâle qui deviendra alors son compagnon et prendra votre place dans son cœur, ou risquer un ponte excessive. Pensez-y bien : un deuxième oiseau rendra le vôtre beaucoup moins «sociable», mais l'instinct de reproduction sera souvent le plus fort.

L'hystérectomie (ablation de l'utérus) sera aussi parfois envisagée. Parlez-en à votre vétérinaire. Ce dernier pourrait aussi prescrire des hormones injectables pour arrêter la ponte. Malheureusement, ces médicaments ne sont pas efficaces à 100 p. 100 et peuvent avoir des effets secondaires graves.

L'HYPOCALCÉMIE

L'hypocalcémie, un manque de calcium sanguin, est directement reliée à une ponte excessive ou même à une ponte normale chez un oiseau ayant une alimentation déficiente en calcium.

Signes : œufs mous à coquilles inégales ou tachées de sang, œufs retenus, ponte difficile, fractures des membres sans accident majeur, douleur ou paralysie d'une ou des deux pattes, convulsions et même la mort.

Traitement

- Augmentez la quantité de calcium dans l'alimentation.
- Consultez un vétérinaire si les signes sont sérieux. Des injections de calcium ainsi que de vitamine D seront souvent nécessaires.

Les problèmes des œufs et des oisillons

ŒUFS INFERTILES, MOUS, DIFFORMES OU TACHÉS DE SANG

Évidemment, si vous n'avez qu'un seul oiseau, l'œuf sera infertile. Mais, même si vous avez un couple, plusieurs facteurs peuvent entraîner une couvée sans éclosion : parents trop jeunes et inexpérimentés, mâle ou femelle infertile, incompatibilité entre les deux, environnement inadéquat, etc.

Un œuf mou, difforme ou taché de sang n'aura que peu de chances d'éclore, mais vous devriez alors vous inquiéter surtout de la femelle, car ces signes annoncent des problèmes comme la rétention des œufs et l'hypocalcémie.

MORTALITÉ DES OISILLONS

Dans la nature, un certain taux de mortalité infantile est habituellement considéré comme normal. Ne soyez donc pas trop déçu si la première couvée contient quelques petits oisillons mort-nés. Si le problème se reproduit régulièrement, vous devrez faire examiner les parents (qui peuvent transmettre certaines maladies à l'œuf ou à l'oisillon) et même faire autopsier les bébés. La mortalité chez les oisillons plus âgés peut également signaler une malformation congénitale, une maladie ou même révéler l'inexpérience des parents, qui ne nourrissent pas suffisamment les jeunes. Vous pourriez devoir nourrir les oisillons à la main si vos oiseaux sont vraiment de mauvais parents (voir p. 85) ou leur trouver des parents adoptifs (ex. : un autre couple de cockatiels ou même d'inséparables. Un oisillon malade dépérit encore plus vite qu'un adulte et il est très difficile de le traiter et de le guérir ; n'attendez pas pour consulter un vétérinaire.

Note : Chez le cockatiel, on retrouve parfois un problème de malformation des pattes des oisillons. Cette maladie serait héréditaire ou due à des déficiences en calcium. Si vous remarquez quelque chose d'anormal aux pattes de vos bébés cockatiels, amenez-les le plus tôt possible pour un examen, car la plupart de ces difformités sont réversibles si le traitement est suffisamment précoce.

PROBLÈMES AVEC LES OISILLONS (EN PARTICULIER SI NOURRIS À LA MAIN) (VOIR P. 85)

Les oisillons sont très fragiles et rien n'est plus triste que de les voir dépérir. Consultez un vétérinaire dès que possible si vos jeunes cockatiels ne se développent pas normalement.

Pour les oisillons nourris à la main, les problèmes potentiels sont énormes et le plus souvent reliés à l'inexpérience du propriétaire. Voici quelques points importants à considérer :

1. Soyez disponible en temps et en investissement émotif. Les bébés oiseaux ne peuvent pas attendre la grasse matinée du dimanche, et les

horaires irréguliers sont un stress pour eux et une source de maladie, sinon de mortalité. En plus de nourrir les bébés, vous devrez leur consacrer du temps pour jouer avec eux et les sociabiliser. Pensez-y.

2. Respectez une hygiène stricte, lavez vos instruments et lavez-vous les mains entre chaque manipulation d'oisillon. Gardez l'environnement et les oiseaux au propre et au chaud.

3. Utilisez une nourriture de qualité, respectez les quantités à mélanger scrupuleusement. Une nourriture trop liquide ou trop épaisse amènera inévitablement des problèmes de malnutrition.

4. Attention à la température du mélange : 37 ° à 39 °C, c'est l'idéal. Si le mélange est trop chaud ou trop froid, vous aurez des problèmes.

5. Investissez et achetez-vous une balance à oiseau précise (une balance à aliments de qualité est adéquate). Pesez vos oisillons tous les jours et consultez un vétérinaire si le poids du bébé ne cesse de diminuer ou chute de façon sérieuse.

6. Vérifiez le jabot — partie de l'estomac qui fait une bosse dans le cou de l'oiseau après les repas —; il devrait se vider complètement en quelques heures. Sinon, il y a problème et une consultation avec un vétérinaire s'impose.

La mort subite

Nous ne souhaitons à personne le malheur de trouver son cockatiel mort dans la cage, sans aucun signe avant-coureur. Malheureusement, cela se produit parfois.

S'agit-il vraiment d'une mort subite ?

De nombreuses autopsies nous ont révélé que la majorité des morts subites étaient en réalité des cas où l'oiseau avait si habilement caché ses symptômes que le propriétaire inexpérimenté n'avait pu les identifier. Soyez attentif au comportement de votre cockatiel. Un oiseau mort dans un état de maigreur extrême n'a pas été victime d'une crise cardiaque. Il était malade depuis déjà quelque temps et aurait peut-être pu être sauvé si son maître avait consulté un vétérinaire.

Les causes de mort subite

Les hémorragies internes, les infections fulgurantes, les crises cardiaques, la péritonite et différents cancers peuvent causer une mort rapide et presque sans symptômes. Certains de ces troubles ne comportent pas de risques de contagion, mais vous devriez toujours demander une autopsie si votre oiseau meurt subitement, car des virus et des bactéries peuvent aussi être en cause.

L'euthanasie

Même s'il ne s'agit pas d'un sujet très réjouissant, il nous apparaît important, en terminant ce chapitre sur les maladies, de discuter de l'euthanasie, dite « mort douce et sans souffrance », utilisée pour abréger les souffrances d'un malade incurable ou pour des motifs d'ordre éthique.

La médecine n'a pas hélas ! vaincu toutes les maladies chez l'être humain comme en témoignent nos hôpitaux remplis de malades incurables. En médecine vétérinaire, nous pouvons mettre fin aux souffrances d'un malade en lui injectant une très forte dose de barbituriques. N'ayez crainte, la mort est très rapide et non douloureuse.

Si, malheureusement, votre oiseau est atteint de cancer généralisé, de blessures majeures, de maladies débilitantes ou autres, il serait peut-être plus « humain » de mettre fin à ses jours.

Les autres méthodes (noyade, empoisonnement, rupture du cou, gaz) sont à proscrire absolument. Il existe de mauvaises raisons de se « débarrasser » d'un oiseau : on ne veut pas investir pour le faire traiter ; on n'a plus le temps de s'en occuper ; il est trop bruyant ou trop agressif, etc. Dans ce cas, il serait préférable de contacter un vétérinaire, une société protectrice des animaux ou un éleveur ou envisager d'autres solutions.

Votre oiseau n'est pas un bien de consommation à jeter et à remplacer après usage : il est unique et vous en êtes responsable.

L'apprivoisement

Les règles de base

Un cockatiel bien apprivoisé et affectueux, qui recherche votre présence et connaît même quelques tours, représente sous doute le rêve ultime de tous les amateurs de cet oiseau. Amener un cockatiel à passer de l'état sauvage à l'état apprivoisé n'est pas à la portée de tous, mais cet oiseau est, à notre avis, un sujet idéal pour le débutant car c'est l'un des plus faciles à apprivoiser. Évidemment, tous les cockatiels n'ont pas les mêmes aptitudes et certains ne pourront jamais devenir de bons compagnons, surtout s'ils ont été achetés adultes et qu'ils ont subi des traumatismes ou si vous avez fait l'erreur d'acheter en même temps deux spécimens non apprivoisés.

C'est une entreprise parfois difficile, certes, mais vous en retirerez la plus belle des récompenses : gagner la confiance de votre oiseau et partager avec lui de bons moments.

Pour les débutants, nous conseillons l'achat d'un jeune cockatiel, nourri à la main et déjà apprivoisé. Ce petit oiseau aura besoin d'interaction avec vous quotidiennement et de séances d'éducation tout au long de sa vie pour ne pas développer de problèmes de comportement. Cependant le cockatiel est un oiseau tellement aimant et affectueux qu'une simple promenade quotidienne sur votre épaule et un peu d'attention et de caresses le satisferont souvent. En fait le cockatiel apprivoisé est le plus souvent un véritable « pot de colle » qui vous pourchassera à travers la maison pour avoir votre attention. Ne l'en privez pas !

- Patience et communication sont les clefs du succès. Soyez prêt à investir de votre temps et à travailler régulièrement avec votre cockatiel. Deux ou trois séances de dix à quinze minutes par jour sont parfois nécessaires. La communication est primordiale. Vous devez apprendre à connaître votre oiseau et à interpréter ses comportements.
- Ne frappez jamais votre cockatiel pour le punir. Vous perdriez ainsi sa confiance et il vous craindrait sans vous aimer.
- Utilisez surtout la technique du renforcement positif. Récompensez l'oiseau chaque fois qu'il exécute ce que vous désirez. De cette façon, il appréciera les séances d'entraînement au lieu de les craindre.
- Vous pouvez utiliser sa nourriture préférée pour le récompenser : les graines de tournesol et le millet en grappes, habituellement. Attention cependant de ne pas lui donner trop de tournesol, car ces graines très grasses favorisent l'embonpoint et les maladies du foie.
- Le cockatiel étant un oiseau très émotif et sensible, une simple caresse et des mots doux lui feront plaisir.
- Si vous devez réprimander votre oiseau, usez de punitions émotives (et non physiques, comme les coups) :
  - Utilisez la voix : Vous pourriez dire « non » d'une voix dure et tranchante. Pour un oiseau sensible, cette réprimande peut suffire. Vous serez encore plus efficace, si vous lui faites des gros yeux et le dominez de haut comme un prédateur.
  - Couvrez la cage : Couvrir la cage est une méthode très utile pour mettre fin aux cris stridents d'un oiseau. Si l'oiseau continue de crier, même sous la couverture, frappez légèrement la cage pour la faire vibrer, sans que l'oiseau ne vous voie. Il sera désagréablement surpris et « pensera » que ce sont ses cris qui font bouger la cage.

Cependant, attention aux excès ; un oiseau que l'on laisse sous une couverture, dans sa cage, pour une longue période de temps, sera très malheureux et développera d'autres troubles de comportement, comme le picage et l'agressivité, en plus de se remettre à crier de plus belle !

- Remettez l'oiseau dans la cage : Vous pouvez punir l'oiseau en le remettant dans sa cage, surtout s'il préfère être à l'extérieur avec vous. Si, au contraire, votre cockatiel préfère la sécurité de sa cage, cette punition sera pour lui une récompense. Quant aux cockatiels « brise-fer » qui adorent se promener pour tout gruger, ils seront spécialement sensibles à cette forme de punition.

- Déposez l'oiseau sur le plancher : tous les oiseaux détestent se trouver en position d'infériorité, c'est-à-dire plus bas que vous. Si votre oiseau a les ailes taillées, vous pouvez le déposer au sol pour quelques minutes. Il se sentira vite mal à l'aise et sera heureux de monter sur la main que vous lui tendrez en réponse à votre commandement. Votre cockatiel comprendra mieux pourquoi vous le punissez si vous agissez immédiatement après son comportement fautif. N'envisagez pas de réaliser un entraînement trop rapide. Suivez le rythme de votre oiseau et apprenez à reconnaître ses signes de fatigue. Il est temps d'arrêter la séance :

• si l'oiseau refuse de saisir la récompense que vous lui tendez (le plus souvent une graine) ou qu'il la laisse tomber ;

• s'il devient nerveux ou agressif ;

• s'il devient inattentif.

Vous devez terminer chaque séance en beauté, sur une note positive. Même si vous n'avez pas réussi à lui enseigner un tour complet, récompensez-le pour ce qu'il a appris. Vous recommencerez plus tard.

- Ignorez l'oiseau : en privant l'oiseau de votre attention lorsqu'il se comporte de façon indésirable (ex. vocalisation excessive), vous éviterez de renforcer ce comportement. Ne jamais offrir de nourriture ou de récompense lorsqu'un oiseau est désagréable. C'est la meilleure façon de l'encourager. Soyez patient et attendez un peu. Lorsqu'il sera calme et coopératif, alors seulement vous lui offrirez un câlin ou un plaisir.

Comment choisir un oiseau facile à apprivoiser

Il n'existe pas de cockatiels impossibles à apprivoiser. Ce petit perroquet sociable et communicateur préférera toujours le contact humain à la solitude une fois qu'il en aura compris les avantages, mais certains spécimens seront beaucoup plus difficiles à «convaincre» que d'autres!

Quelques propriétaires d'oiseaux ont un «don» et, entre leurs mains, même le plus sauvage des cockatiels deviendra une perle de gentillesse en moins d'une semaine. Si vous avez un tel don, profitez-en pour vous procurer un cockatiel plus âgé, à moindre coût et souvent voué à l'abandon, sinon suivez ces quelques conseils:

- Choisissez un jeune oiseau (deux à cinq mois). Chez l'éleveur, un certificat de naissance confirmera l'âge de l'oiseau. Il sera aussi parfois bagué avec une inscription donnant l'année de sa naissance (voir p. 24). Souvenez-vous qu'un jeune oiseau a le bec pâle et l'œil complètement noir. De plus, son plumage est toujours de la même coloration que celui d'une femelle. Plus l'oiseau est jeune, plus il vous sera facile de gagner sa confiance.
- Achetez un oisillon nourri à la main. De nombreux éleveurs séparent les jeunes de leurs parents, lorsqu'ils atteignent deux ou trois semaines, pour les nourrir eux-mêmes à l'aide d'un compte-gouttes, d'une seringue ou d'une cuillère. L'oisillon ainsi mis en contact étroit avec les humains jusqu'à son sevrage (vers sept à neuf semaines) sera déjà très apprivoisé. Il représente le compagnon idéal pour un débutant ou pour une per-

sonne ayant très peu de temps à consacrer à l'apprivoisement. Son prix sera parfois plus élevé, compte tenu du fait que l'éleveur a dû consacrer plus de temps à cet oiseau, mais cela vaut le « coût ». Assurez-vous que l'éleveur a sociabilisé l'oiseau, c'est-à-dire qu'il a pris le temps de jouer avec lui et de le caresser, et que l'oiseau a été mis en contact avec des congénères. Malheureusement parfois, les bébés nourris à la main n'ont eu, comme seul compagnon, que la seringue de nourriture à heures régulières et aucune autre stimulation. Ces oiseaux seront enclins à des problèmes de comportement.

Choisir un oiseau calme

Avant de l'acheter, approchez-vous doucement à un mètre de votre futur oiseau. S'il fuit, s'excite ou crie de peur, ce n'est pas un oiseau pour débutant. S'il demeure sur son perchoir sans bouger et qu'il vous observe, c'est bon signe. Approchez alors votre main : s'il s'éloigne, la huppe redressée, en crachant comme un chat et en fixant vos doigts, ce pourrait être un oiseau agressif. S'il se jette au fond de la cage ou grimpe nerveusement, c'est un oiseau facilement effrayé et l'apprivoiser ne sera pas facile. Idéalement, l'oiseau devrait rester sur place ou se reculer mais sans montrer de colère ou de peur excessive. S'il approche avec curiosité ou mieux s'il penche la tête pour quêter des caresses, c'est l'idéal.

Les premiers pas

Cette section s'adresse à ceux qui ont un cockatiel non apprivoisé et très nerveux. (Si vous n'avez aucune expérience en la matière, il serait préférable que vous commenciez avec un oiseau assez apprivoisé et qui peut au moins se percher sur votre doigt.)

- Pendant la semaine suivant l'achat, laissez votre cockatiel s'habituer à son nouvel environnement. Observez-le de loin, vous apprendrez ainsi à connaître ses habitudes et l'attitude qu'il adopte selon les circonstances. Remarquez quelle est sa nourriture préférée, c'est-à-dire quelles graines il décortique en premier (habituellement le millet ou le tournesol). Vous les utiliserez pour le récompenser lors des séances d'apprivoisement.
- La deuxième semaine, s'il mange bien et qu'il est en forme, agissez! Triez son mélange de graines de façon à mettre de côté ses graines préférées. Assurez-vous cependant qu'il consomme les autres graines et veillez à lui donner des fruits et des légumes, de sorte qu'il ne soit pas trop affamé.
- Le but de l'apprivoisement est de modifier l'attitude du cockatiel face à vous. Vous ne devez plus être la personne qu'il craint, mais celle dont il espère la visite parce qu'elle lui apporte sa nourriture préférée. Bref, vous gagnerez la confiance de votre cockatiel grâce à sa gourmandise et grâce aussi à votre gentillesse puisque cet oiseau adore les caresses et les voix douces.
- Approchez-vous doucement de la cage et offrez-lui une graine de tournesol ou une branche de millet au bout de vos doigts, à travers les barreaux. S'il se jette au fond de la cage en criant, il n'est évidemment pas prêt pour cette étape. Dans ce cas, déposez quelques graines dans son plat et retirez-vous. Après plusieurs jours de ce manège, il commencera à comprendre que vous venez le voir non pour l'agresser, mais pour le récompenser.
- Lorsqu'il acceptera enfin de saisir une graine entre vos doigts, le plus difficile sera accompli! Vous devrez alors déposer une

graine dans la paume de votre main ouverte et approcher le plat de votre main en lui donnant gentiment un commandement verbal «*up*» ou «monte». Après quelques essais, l'oiseau sera content de se percher sur votre main et d'y grignoter sa récompense. En peu de temps, vous verrez qu'il appréciera votre contact et que la récompense alimentaire ne sera même plus nécessaire. L'oiseau se juchera sur votre main pour le plaisir et le contact, ou par curiosité, ou simplement pour sortir de la cage et jouer avec vous.

Méthode d'apprivoisement rapide

La méthode décrite précédemment pour apprivoiser un cockatiel est excellente pour les oiseaux très nerveux, mais elle demande beaucoup de temps. Si vous ne craignez pas trop les morsures, qui peuvent être douloureuses et même faire saigner un doigt, vous pourrez tenter d'aller plus rapidement avec un oiseau aux ailes taillées convenablement et présentant de bonnes dispositions.

Plusieurs cockatiels sont territoriaux : ils défendent l'accès à leur cage ou n'aiment pas qu'on les touche. Si c'est le cas de votre oiseau, adaptez-vous à lui et utilisez un perchoir de bois pour le sortir de la cage, ou saisissez-le avec une petite serviette. Éloignez l'oiseau de sa cage et déposez-le sur un perchoir sur pied ou un dossier de chaise. Il est fort probable qu'il tente de s'envoler, mais avec les ailes taillées, il se retrouvera au sol. Présentez-lui alors votre doigt en lui donnant le commandement verbal «*up*» ou «monte». Au début, il se mettra sûrement à courir pour vous échapper, mais la fatigue ou la peur de rester au sol le feront accepter votre contact. Attendez alors qu'il se calme et qu'il accepte de rester sur votre doigt. Certains oiseaux se jetteront au sol plusieurs fois de suite, d'autres voudront vous mordre ou iront se réfugier sous les meubles. Si, après quelques séances, ces comportements n'ont pas disparu, revenez à la méthode précédente.

Sinon, remettez l'oiseau sur le perchoir et laissez-le se calmer. Puis, présentez-lui encore votre doigt jusqu'à ce qu'il accepte de s'y percher sans rechigner. Soyez patient et calme, parlez-lui et récompensez-le en lui caressant la tête ou en le laissant se jucher sur votre épaule, où il se sentira en sécurité. Mais, attention, pour un oiseau agressif ou dominant, cela équivaut à lui donner une supériorité sur vous! Donc, à réserver aux oiseaux nerveux et timides.

Vous ne donnerez évidemment pas de récompense à un cockatiel qui mord ou se rebiffe; vous devrez même parfois le punir. Ne le frappez pas; utilisez plutôt les punitions émotives décrites précédemment.

Les commandements

Pour bien guider votre oiseau et en faire un bon compagnon, il est essentiel que vous contrôliez ses décisions.

Le plus simple est d'associer un ordre verbal avec le comportement désiré. De cette façon, l'oiseau comprendra qu'il agit à votre demande. Les «*up*» («monte») ou «*down*» (descend) représentent la base de l'apprivoisement. Chaque fois que vous présentez le doigt ou le perchoir, répétez l'ordre «monte» même si l'oiseau agit spontanément.

Tailler les ailes

La taille des ailes est essentielle pour apprivoiser votre oiseau (voir p. 47). Par la suite, une fois que l'oiseau sera apprivoisé, il vous sera possible de le laisser voler gracieusement, ce qu'il adorera et le rendra heureux. Si votre oiseau devient de plus en plus indépendant et incontrôlable, pensez à lui faire retailler les ailes.

Apprendre au cockatiel à parler et à siffler

Vous pouvez entraîner un cockatiel à parler. Certains sont de meilleurs imitateurs que d'autres, mais tous peuvent prononcer quelques mots s'ils le veulent. Le cockatiel parle lorsqu'il se sent confiant, heureux, en santé, et qu'il aime son environnement, mais surtout — et seulement — si cela l'amuse! Il imite les sons et les mots pour jouer. Seulement 10 p. 100 des cockatiels prononcent des mots reconnaissables. Le cockatiel est surtout un bon siffleur et il peut apprendre les mélodies comportant plusieurs notes.

Vous pouvez l'encourager en lui répétant un ou deux mots faciles, lorsque le contexte est agréable pour lui (l'heure du repas, la sortie de la cage, le bain); vous pouvez également le mettre dans la même pièce qu'un cockatiel qui parle et siffle déjà ou lui faire entendre un enregistrement qui répète les mêmes mots et les mêmes sons plusieurs fois.

Le cockatiel préfère les mots et les sons expressifs et chantants. Attention, il imitera bien vite les vilains mots plutôt que les bons, surtout si les premiers sont dits d'une voix forte et frappante. Le son du téléphone, du micro-ondes, de la sonnette de la porte et les miaulements du chat seront des sons que votre oiseau adorera imiter!!! Il en sera vite gênant mais comprenez qu'il exprime ainsi son appartenance à votre maison et qu'il s'amuse.

Et si votre oiseau est mordilleur ?

Les morsures d'un cockatiel peuvent être très douloureuses. Votre oiseau peut même vous mordre jusqu'au sang mais par chance il n'ira pas jusqu'à vous couper le doigt ou vous arracher la peau !

Cela dit, la majorité des morsures sont très superficielles et plutôt agaçantes que douloureuses. L'oiseau mord parce qu'il est fâché ou effrayé. Vous devez vous efforcer de comprendre pourquoi votre petit compagnon vous attaque pour mieux faire cesser ce désagréable comportement.

L'oiseau très fâché hérisse sa crête, siffle comme un chat et vous lance de petits coups de bec répétitifs. Cet oiseau n'accepte pas votre dominance et veut lui aussi être le meneur dans la maison. Il agira ainsi le plus souvent pour refuser d'être approché, de sortir de sa cage ou de descendre de votre épaule. Il est important que vous établissiez avec cet oiseau une hiérarchie claire. Vous êtes la personne qui aura le dernier mot!

Bien sûr, il n'est pas question ici de punir ou de frapper l'oiseau mais plutôt de l'entraîner à accepter vos décisions.

L'oiseau effrayé, au contraire, se tapit loin de vous, tient sa crête basse et tente de vous fuir. Celui-là aura besoin d'une voix douce, de beaucoup de patience et d'être rassuré. Soyez très patient et doux.

Le pense-bête

Le carnet de santé

Un cockatiel peut vivre de 15 à 18 ans. Vous auriez donc avantage à tenir à jour une fiche d'informations ou un carnet de santé à son sujet. Inscrivez-y le lieu et la date d'achat ainsi que la date probable de sa naissance et sa généalogie, si vous la connaissez. Notez-y la date des visites chez le vétérinaire et les recommandations qu'il vous a données, les problèmes et les maladies dont votre cockatiel a souffert. Conservez aussi des notes sur les moments importants de sa vie : son premier mot, sa première caresse, l'arrivée d'un compagnon, la taille des griffes et des ailes, les dates de la mue et, s'il y a lieu, la date de l'accouplement et de la ponte.

Notez également son poids. Le vétérinaire spécialisé est en mesure de vous l'indiquer, car il utilise une balance très précise (qui ressemble à un chaudron ou à un perchoir). Le poids de votre oiseau constitue une précieuse indication sur son état de santé.

Il n'existe malheureusement pas de vaccin actuellement disponible pour le cockatiel, sauf à l'état expérimental. La médecine des oiseaux exotiques est en plein essor et de nombreux laboratoires font d'intenses recherches à ce sujet. D'ici quelques années, il est possible que votre vétérinaire vous suggère certains vaccins, ce qui serait excellent en particulier pour les oiseaux qui ont des contacts avec d'autres congénères, par exemple des oiseaux d'élevage, des oiseaux d'exposition, des oiseaux gardés en volière extérieure... Cependant, dans tous les cas, une visite annuelle chez le vétérinaire s'impose. Votre oiseau sera examiné, pesé, pourra recevoir en même temps différents soins, comme la taille des plumes et la taille des griffes. Lors de votre première visite chez le vétérinaire, celui-ci pourra vous proposer une série de tests, comme une hématologie (analyse de sang), une bactériologie (culture des bactéries), une parasitologie (pour vérifier si votre oiseau a ou non des parasites) et plusieurs autres analyses, selon le cas. Quoique dispendieux au premier abord, ces tests sont à même de révéler des problèmes non évidents à l'examen physique, lesquels pourraient être traités sans délai. Idéalement, tout cockatiel nouvellement acheté et dont l'examen physique révèle des anormalités devrait subir ces tests. Certaines analyses, comme l'hématologie, devraient être effectuées annuellement.

Comment voyager avec votre cockatiel

Le cockatiel n'aime pas beaucoup les déplacements, car ils constituent un stress pour lui. De plus, il faut considérer les risques d'accident ou les courants d'air qui pourraient le rendre malade. Exceptionnellement, nous voyons des cockatiels qui apprécient une promenade en auto, perché sur l'épaule de leur maître ou dans une petite cage de transport adapté! Si votre cockatiel est le moindrement nerveux ou mordilleur, ne tentez pas cette expérience. Imaginez-vous expliquant à l'agent de police que c'est la faute de votre cockatiel si vous avez commis une infraction! Surtout, assurez-vous que votre compagnon ait les ailes convenablement taillées.

Pour tous les autres cockatiels qui n'apprécient pas les moyens de transport, voici quelques suggestions pour rendre le voyage plus agréable pour vous et pour lui.

Planifiez vos déplacements
Assurez-vous de préparer à l'avance tout ce dont vous pourriez avoir besoin lors d'un déplacement: boîte ou cage de transport, couverture, per-

choir, certificat de santé. Si vous vous préparez à la dernière minute, vous risquez d'oublier des éléments essentiels et d'être en retard à vos rendez-vous (spécialement chez le vétérinaire!). Vérifiez si votre moyen de transport est adéquat (votre voiture est-elle en état de rouler? le chauffage fonctionne-t-il?) ou s'il partira à l'heure (avion, train, etc.).

Si le temps est doux, si votre cockatiel est très apprivoisé, s'il a les ailes taillées et si le moyen de transport choisi le permet, vous pouvez toujours l'emmener simplement juché sur votre épaule. Dans la plupart des cas cependant, vous devrez utiliser une «maison mobile» d'où il ne pourra pas s'échapper et dans laquelle il sera protégé du froid et des courants d'air. Pour les voyages à l'étranger, il est essentiel que vous communiquiez avec les douanes du pays que vous voulez visiter pour vous assurer que vous rencontrez leurs exigences.

Sa cage habituelle

AVANTAGE

Vous n'avez pas à manipuler l'oiseau (vous diminuez le stress pour lui et le risque d'être mordu pour vous).

DÉSAVANTAGE

La plupart des cages à cockatiel (lourdes, larges et encombrantes), si elles sont bien adaptées à la grosseur de l'oiseau, ne sont pas une sinécure à déplacer. De plus, par temps froid, il est presque impossible de couvrir adéquatement une grosse cage. Pour vous faciliter la tâche, retirez tous les objets non fixés, comme les jouets et les balançoires.

Une petite cage destinée à un autre oiseau (serin, perruche)

AVANTAGE

D'un format mieux adapté, elle ne vous coûte rien si vous l'avez déjà, et elle s'avère facile à transporter.

DÉSAVANTAGE

La porte est souvent trop petite pour laisser passer le cockatiel sans abîmer son plumage ou le blesser. Ces cages sont très exiguës et le cockatiel y abîmera son plumage plus que dans n'importe quel autre contenant. Les cages pour les oiseaux très petits devraient être utilisées pour les cockatiels seulement lors d'un très court trajet.

La boîte de carton
AVANTAGE

On peut se la procurer facilement en cas d'urgence, elle ne coûte rien, ou presque et existe en formats variés. Elle est légère et facile à isoler du froid. Assurez-vous d'y percer suffisamment de trous d'aération.

DÉSAVANTAGE

Un cockatiel persévérant peut y creuser un trou assez grand pour s'échapper. De plus, la boîte ne peut se désinfecter et ne devra être utilisée qu'une seule fois, si un oiseau malade y a été logé.

Un contenant vendu spécialement pour le transport des animaux
AVANTAGE

C'est un investissement à long terme et sans doute la meilleure façon de déplacer un cockatiel. Ce peut-être une petite cage de transport, avec un perchoir. Une cage est plus difficile à protéger du froid, mais plus aérée par temps chaud et votre oiseau s'y sentira bien. On trouve aussi des boîtes de plastique, pour chiens ou chats, avec une grille sur le devant et des trous d'aération et depuis peu, des contenants adaptés aux oiseaux. Même si vous ne pouvez y installer un perchoir, ce qui plairait davantage à l'oiseau, elles sont idéales par temps froid car elles sont faciles à couvrir.

Désavantage

Leur coût est plus élevé mais, si vous avez à déplacer régulièrement votre oiseau, ces contenants sont indispensables. Vous devez les désinfecter après chaque transport.

Autres contenants pour le transport

Certaines personnes transportent leur cockatiel dans un aquarium de verre : il est très lourd et mal aéré.

À déconseiller

D'autres oiseaux sont simplement placés dans un sac de papier. Le plus souvent, ils n'arriveront pas à destination, car ils s'échapperont en chemin…

En bref, recherchez un contenant sécuritaire, solide, léger et maniable. Idéalement, vous pourriez y installer un perchoir et des bols ; l'oiseau pourrait voir à l'extérieur tout en étant protégé des courants d'air. N'oubliez pas de retirer tous les jouets ou objets mobiles qui pourraient blesser l'oiseau durant le transport.

Se déplacer par temps chaud

Quoiqu'il soit moins risqué de voyager par temps chaud que par temps froid, certaines précautions sont à prendre.

- Assurez-vous que le contenant de transport est bien aéré.
- Ne laissez jamais le cockatiel exposé directement aux rayons du soleil.
- Assurez-vous qu'il a à boire en tout temps. Si l'eau risque de se renverser durant le transport, mettez à sa portée des morceaux de fruits ou de légumes juteux (pomme, concombre, raisins, épinards). N'utilisez jamais une éponge mouillée comme source d'eau, le cockatiel pourrait la déchiqueter, en avaler des morceaux et s'étouffer.

- Si le cockatiel respire la bouche ouverte, très rapidement, se tient les ailes loin du corps et les plumes collées, il a trop chaud. Si cet état persiste trop longtemps ou si la température ambiante continue d'augmenter, il peut devenir faible, comateux et même mourir. Mettez-le près d'une source d'air climatisé ou d'un ventilateur en évitant le courant d'air direct. Arrosez son plumage avec un vaporisateur rempli d'eau pas trop froide. S'il est conscient, offrez-lui de petites quantités d'eau à boire. S'il tombe dans un état d'inconscience, consultez un vétérinaire le plus tôt possible.

Se déplacer par temps froid

Si vous avez le choix, évitez de transporter votre cockatiel par temps froid. Remettez votre voyage à plus tard. Les risques de courants d'air froid et d'infections respiratoires subséquentes sont réels ! Si, par contre, vous devez vous rendre chez le vétérinaire, par exemple, parce que l'oiseau est malade, ne remettez pas votre visite à plus tard. La condition d'un cockatiel malade peut se détériorer rapidement. Si vous suivez les précautions décrites ci-dessous, tout devrait bien se dérouler.

- Faites chauffer la voiture pendant plusieurs minutes *avant* d'y installer l'oiseau.
- Couvrez la cage ou la boîte de transport avec plusieurs couches de serviettes épaisses ou une couverture.
- Si le vent est vif, ajoutez un sac de plastique (un sac à déchets est idéal) par-dessus les serviettes ou la couverture.
- Dans la voiture, retirez le sac mais laissez les serviettes ou la couverture. N'ayez crainte, l'oiseau ne manquera pas d'air.
- Ne fumez pas durant le voyage.
- Limitez le plus possible le temps de votre déplacement, quitte à prendre un raccourci pour vous rendre à destination.

Le voyage sur une longue distance

Lors de déplacements de longue durée, vous devriez prévoir des haltes d'au moins 15 minutes à toutes les 2 heures, pour permettre au cockatiel de se relaxer, de boire et de manger.

Sa « maison mobile » devrait être munie d'un perchoir, sinon l'oiseau se sentira mal à l'aise et salira ses plumes au contact des fientes.

Le voyage en train, en avion ou en autobus

Chaque compagnie de transport a sa propre politique en matière de transport d'oiseaux domestiques. Informez-vous avant de partir. Téléphonez à plus d'une compagnie. Idéalement, vous devriez pouvoir garder votre cockatiel avec vous dans la section des passagers. Si vous projetez de sortir du pays, téléphonez à l'ambassade du pays où vous allez, pour être informé à l'avance des documents qu'on exigera de vous. Les règlements régissant l'importation des animaux varient d'un pays à un autre et, parfois, d'un mois à l'autre! Soyez certain, le jour du départ, que vous êtes en règle pour passer les douanes.

Voyager sans son cockatiel

Il n'est pas toujours facile d'emmener un oiseau avec soi. Si vous devez vous absenter, que faire?

Le laisser à la maison

Si vous prévoyez vous absenter pendant 24 heures ou moins, vous pouvez laisser l'oiseau seul à la maison. Assurez-vous qu'il a de l'eau et des graines en abondance Pour une période de 48 heures, demandez à un ami de venir jeter un coup d'œil et de changer l'eau et la nourriture la deuxième journée. Plusieurs oiseaux renversent leur bol d'eau en jouant et, si personne ne les visite, ils manqueront d'eau pendant une période critique.

Ne laissez pas votre oiseau seul à la maison pendant plus de deux jours. Même la visite quotidienne d'un ami ne sera pas suffisante. Le cockatiel est un animal très sociable et, après quelque temps, il commencera à déprimer, pourra s'arrêter de manger ou se déplumer.

Le laisser chez des amis

Le foyer d'un ami (si vous en avez un qui soit prêt à vous rendre cet immense service) est le meilleur endroit pour laisser votre cockatiel, si vous prévoyez vous absenter pendant plus de 48 heures. S'il y a d'autres oiseaux dans la maison, évitez de les mettre en contact avec le vôtre même s'ils ne semblent pas malades ; ils peuvent être porteurs de bactéries ou de parasites, tout comme votre cockatiel. Laissez des instructions claires et précises concernant votre cockatiel : ce qu'il mange, ce qu'il aime, ses activités, son tempérament, à quelle heure il se couche, etc. Prévoyez toujours le pire : ce que devra faire votre ami si l'oiseau se blesse ou tombe malade, quel vétérinaire il consultera, quel montant vous êtes prêt à débourser pour la santé de votre oiseau, etc.

Le mettre en pension

Si vous ne pouvez trouver d'amis généreux pour prendre soin de votre cockatiel durant votre absence, vous devrez le mettre en pension.

- Certaines cliniques vétérinaires offrent ce service et si par malchance l'oiseau tombe malade, il sera déjà entre bonnes mains. Assurez-vous cependant qu'il ne se retrouvera pas dans la même pièce que des oiseaux malades ou avec des chiens ou des chats.
- Les boutiques d'animaux peuvent également offrir un service de pension pour les oiseaux. Choisissez un endroit bien entretenu où le personnel semble compétent et où votre cockatiel ne sera pas mis en contact avec ceux offerts à la vente (qui peuvent être malades ou porteurs de parasites).

Laissez des instructions écrites concernant les soins à donner si l'oiseau présentait des signes de maladie durant votre absence. À notre avis, la seule instruction valable devrait être : « Consultez un vétérinaire (laissez un nom et un numéro de téléphone) aux premiers signes de problème, et faites tout ce qui est nécessaire pour préserver la santé de mon oiseau. » Si vous ne donnez pas d'instructions claires, votre oiseau sera traité, dans certaines boutiques d'animaux, avec trois ou quatre médicaments avant qu'enfin un vétérinaire puisse l'examiner (s'il est toujours en vie).

Quelques particuliers et des petites entreprises se spécialisent dans les services de pension pour chats, chiens et autres animaux, y compris les oiseaux. Assurez-vous que votre cockatiel ne sera pas mis avec des chiens ou des chats et que l'endroit est équipé pour recevoir les oiseaux. Votre cockatiel sera très malheureux dans une cage métallique pour chat. Si vous pouviez trouver une pension « pour oiseaux seulement », ce serait encore mieux. Là aussi, laissez par écrit vos recommandations en cas de maladie.

Que faire si l'oiseau s'évade ?

Chaque année, surtout en période estivale, quand les fenêtres et les portes sont grandes ouvertes, des dizaines de cockatiels se perdent à l'extérieur, au grand dam de leur propriétaire. N'en concluez pas trop vite que « ça n'arrive qu'aux autres » ! Même le cockatiel le plus calme et le plus apprivoisé ne résistera pas à l'attrait des grands espaces.

Que faire si cela vous arrive ?

- S'il s'agit d'un oiseau apprivoisé et qu'il n'est pas juché trop haut, approchez-vous doucement en lui parlant constamment et tendez-lui votre doigt ou un perchoir. Lorsque l'oiseau sera perché sur vous, ne tentez pas de le saisir, car son premier réflexe serait de s'envoler dans un endroit peut-être inaccessible. Marchez plutôt doucement avec l'oiseau jusqu'à la maison et... ne tremblez pas trop! Vous pouvez aussi approcher sa cage.

- Si l'oiseau n'est pas apprivoisé, ne tentez pas de l'approcher. Il n'y a pas de raison pour qu'il soit plus docile à l'extérieur qu'il ne l'était à la maison. Mettez sa cage près de lui, la porte grande ouverte, et placez-y quantité de graines, de grappes de millet ou de tout autre aliment dont il raffole et retirez-vous. Bien souvent, après quelques longues minutes, le cockatiel préférera la sécurité du connu et ira se réfugier dans sa cage. Vous pourriez à l'aide d'une ficelle attachée à la porte refermer la cage à distance, si vous craignez que l'oiseau s'échappe de nouveau.
- Si l'oiseau disparaît de votre vue ou se réfugie très loin, installez tout de même sa cage à l'extérieur; il n'est pas impossible qu'il y revienne... et assurez-vous que sa cage n'est pas accessible aux chats!
- Avertissez vos voisins, affichez des annonces décrivant les caractéristiques de votre oiseau, offrez même une récompense. Vous devriez aussi téléphoner aux cliniques vétérinaires et aux refuges pour animaux, car quelqu'un pourrait trouver votre oiseau et le rapporter là.

CONSEILS

- Ne sortez jamais avec votre oiseau perché sur l'épaule s'il n'a pas les ailes convenablement taillées. Une ou deux plumes au bout de chaque aile lui suffisent pour effectuer un décollage.
- En été, si vous ouvrez souvent les portes et les fenêtres de votre maison, et particulièrement si vous avez une porte patio, envisagez de tailler les ailes de votre oiseau.

- N'attachez jamais une patte de l'oiseau à un perchoir pour l'empêcher de s'envoler : c'est très dangereux, il pourrait se casser un membre.
- Si vous trouvez un cockatiel à l'extérieur et, en particulier, s'il est apprivoisé, pensez à son maître, qui est sûrement très peiné. Placez une petite annonce et communiquez avec un vétérinaire.

Conclusion

Le cockatiel est un oiseau rempli de qualités. Il est élégant, charmant et surtout très facile à apprivoiser. Ce petit compagnon fidèle saura être votre grand ami et son amour envers vous sera inconditionnel.

Cajolez-le, offrez-lui de beaux jouets et une grande cage, et aussi une alimentation variée, et il vous le rendra au centuple en égayant votre foyer.

Réponses au jeu-questionnaire

Accordez-vous un point par bonne réponse.

1) FAUX. La femelle n'a pas besoin du mâle pour pondre. En fait, plusieurs cockatiels femelles vont pondre même si elles ne s'amourachent que d'un jouet, de leur image, de vous-même ou d'un compagnon du même sexe. L'œuf sera cependant infertile. Il n'y a pas d'âge limite pour la ponte. L'oiseau peut commencer à pondre à 1 an ou à 10 ans!

2) FAUX. La femelle cockatiel n'incubant pas les bébés dans son ventre comme les mammifères, il est donc anormal que son ventre soit gonflé pendant plus de 24 à 26 heures. Lorsque cette période est écoulée, l'oiseau devrait pondre l'œuf, et alors seulement, le couver pendant une période de 21 à 25 jours. Il est impossible que l'oisillon se développe dans l'œuf encore dans le ventre de la mère. Un œuf retenu va se putrifier et tuer l'oiseau. Un cockatiel ayant un gros ventre peut aussi souffrir d'un cancer, d'un blocage, d'une hémorragie interne ou d'une autre maladie.

3) FAUX. Les œufs ne sont plus fertilisables lorsque la coquille est formée. Il faut donc que le mâle s'accouple avec la femelle avant la ponte, lorsque l'œuf est dans l'utérus de la femelle, avant que la coquille ne se forme.

4) FAUX. Voir réponse n° 1. Même le cockatiel solitaire peut pondre. C'est en fait très fréquent.

5) VRAI. En général, les deux parents se partagent la tâche mais s'il arrivait qu'un des deux disparaisse, le survivant, père ou mère, pourrait s'occuper seul des œufs et des oisillons.

6) FAUX, à moins que la femelle soit en période de ponte active, son ventre sera aussi plat que celui d'un mâle. L'on distingue le cockatiel mâle de la femelle par sa coloration (voir p. 13-14).

7) FAUX. L'homosexualité est possible chez les oiseaux. Même si l'accouplement entre des cockatiels du même sexe est exceptionnel, tous les autres jeux amoureux peuvent se produire.

8) VRAI. Le sperme du mâle est viable plusieurs dizaines d'heures après un accouplement. Il est donc possible, puisqu'un œuf peut être produit toutes les 24 heures, que 2 ou 3 œufs soient fertilisés à la suite d'un seul accouplement.

9) VRAI, si on en a l'habitude mais cette pratique n'est pas recommandable. Le fait de manipuler les œufs peut tuer l'embryon et parfois rebuter les parents de continuer à couver. Armez-vous de patience et attendez plutôt que s'écoulent les 21 à 25 jours de couvaison.

10) FAUX. En plus de la pâtée d'élevage, les parents ont aussi besoin de graines, de fruits, de légumes, de nourriture de table, de vitamines et de minéraux, ou d'une moulée de reproduction.

11) VRAI mais inacceptable. Vous pourriez assez facilement construire un incubateur en peu de temps mais sachez que s'occuper des oisillons dès la naissance est irréalisable pour la plupart des gens. Essayez plutôt de savoir pourquoi vos oiseaux délaissent leurs œufs (environnement trop stressant, oiseaux trop jeunes, nid inconfortable, maladies, malnutrition, etc.).

12) VRAI mais non recommandable ; leur progéniture risque d'être plus faible et les problèmes congénitaux nombreux.

13) FAUX. Cela ne fera que la stimuler à pondre. Vous devriez plutôt lui laisser les œufs frais, les faire bouillir ou les remplacer par des œufs artificiels, si vous ne voulez pas d'oisillons.

14) FAUX, dans la plupart des cas, surtout si le contact de vos doigts avec l'œuf a été très court, par exemple pour le replacer dans le nid d'où il était tombé. Il est cependant recommandé de ne manipuler les œufs que si c'est absolument nécessaire, en utilisant une cuillère à soupe.

15) FAUX. Il est recommandé d'attendre que les oisillons aient deux à trois semaines d'âge avant de prendre la relève des parents. Si vous vous retrouviez avec des bébés cockatiels orphelins naissants, il serait préférable de trouver un couple de parents adoptifs que de tenter vous-même de les nourrir.

Quel est donc votre résultat?

- *De 11 à 15 points:* Bravo, vous êtes fin prêts à réussir l'accouplement de vos cockatiels!
- *De 7 à 11 points:* Oh là là! Certains détails vous ont peut-être échappé! Relisez le chapitre sur la reproduction et ensuite vous comprendrez mieux par la pratique!
- *Moins de 7 points:* Le monde mystérieux de la reproduction des oiseaux est encore bien ténébreux pour vous. Mieux vaut attendre un peu et comprendre davantage vos oiseaux avant de tenter l'aventure de l'élevage.

Table des matières

le jour,
éditeur

Ouvrages parus au Jour

Animaux

---

* Pour l'Amérique du Nord seulement.

(99/3)

Achevé d'imprimer au Canada
en février 2004
sur les presses des Imprimeries Transcontinental Inc.